2022—2023 年
中国汽车动力电池及氢燃料电池产业
发展年度报告

组 编　国联汽车动力电池研究院有限责任公司

主 编　董 扬　黄 倩　尹艳萍　胡 博　方彦彦

参 编　马小利　王 耀　邹 朋　曹国庆　王 聪　高可心
　　　　张文静　张志邦　高 雷　云晓明　赵世佳　王建斌
　　　　孟祥峰　刘 岩　张红波　吕 鹏　徐爱东　余雅琨
　　　　方 升　史 冬　云凤玲　闫 坤　胡文慧　李 泓
　　　　胡勇胜　陆雅翔　张宇平　别传玉　郭 庆　陆荣华
　　　　杨 震　武丹丹　张金平　刘书源　邢 涛　阳如坤
　　　　肖力源　刘进萍　李 慧　郑羽轩　赵金秋

机械工业出版社
CHINA MACHINE PRESS

《2022—2023年中国汽车动力电池及氢燃料电池产业发展年度报告》对新能源汽车、动力电池和氢燃料电池产业的发展状况进行了深入剖析，全面覆盖动力电池和氢燃料电池的关键材料、系统、回收、装备等产业链各环节，并就当前产业发展形势下新能源汽车技术演变，动力电池和氢燃料电池的成本、安全、标准建设、新技术等热点问题进行了系统梳理。此外，本书借助数据模型，综合考虑政策、市场等各方面影响因素，对2022—2023年我国新能源汽车、动力电池及氢燃料电池产业规模进行了预测和量化分析。

本书适合新能源汽车产业，尤其是动力电池和氢燃料电池产业的管理人员、研发人员、生产人员、战略规划人员、营销人员，以及相关政府管理部门人员参考学习。

图书在版编目（CIP）数据

2022—2023年中国汽车动力电池及氢燃料电池产业发展年度报告 / 国联汽车动力电池研究院有限责任公司组编；董扬等主编. —北京：机械工业出版社，2023.11

ISBN 978-7-111-74265-4

Ⅰ.①2… Ⅱ.①国… ②董… Ⅲ.①电动汽车 – 蓄电池 – 产业发展 – 研究报告 – 中国 – 2022—2023 ②氢能 – 燃料电池 – 应用 – 电动汽车 – 产业发展 – 研究报告 – 中国 – 2022—2023 Ⅳ.①F426.471

中国国家版本馆CIP数据核字（2023）第222055号

机械工业出版社（北京市百万庄大街22号　邮政编码100037）
策划编辑：母云红　　　　　　　责任编辑：母云红　丁　锋
责任校对：张晓蓉　陈　越　　　责任印制：单爱军
北京虎彩文化传播有限公司印刷
2024年1月第1版第1次印刷
169mm×239mm·13.5印张·218千字
标准书号：ISBN 978-7-111-74265-4
定价：129.00元

电话服务　　　　　　　　　　网络服务
客服电话：010-88361066　　　机　工　官　网：www.cmpbook.com
　　　　　010-88379833　　　机　工　官　博：weibo.com/cmp1952
　　　　　010-68326294　　　金　书　网：www.golden-book.com
封底无防伪标均为盗版　　机工教育服务网：www.cmpedu.com

指导及支持单位

指导单位

工业和信息化部装备工业一司

工业和信息化部科技司

工业和信息化部产业政策与法规司

工业和信息化部节能与综合利用司

工业和信息化部原材料工业司

工业和信息化部国际合作司

支持单位

科学技术部

财政部

国家发展和改革委员会

国家能源局

中国汽车工业协会

数据支持单位

工业和信息化部装备工业发展中心

赞助单位

日产（中国）投资有限公司

合作机构及企业

工业和信息化部装备工业发展中心
华泰证券股份有限公司
上海重塑能源科技有限公司
宁德时代新能源科技股份有限公司
北京安泰科信息股份有限公司
中国科学院物理研究所
中科海钠科技有限责任公司
格林美股份有限公司
武汉蔚能电池资产有限公司
深圳吉阳智能科技有限公司

编 委 会

吴杰余　东风汽车公司技术中心新能源汽车研究部总师

潘成久　武汉路特斯汽车有限公司电源系统开发资深专家

吴　凯　宁德时代新能源科技有限公司首席科学家

秦兴才　中国电子科技集团有限公司教授级高工

杨续来　合肥学院教授

缪文泉　上海智能新能源汽车科创功能平台有限公司总经理

张宇平　格林美股份有限公司副总经理

阳如坤　深圳吉阳智能科技有限公司董事长

林　琦　上海重塑能源科技有限公司董事长

许晓雄　浙江锋锂新能源科技有限公司总经理

主　任

董　扬　中国汽车动力电池产业创新联盟理事长

副主任

许艳华　中国汽车动力电池产业创新联盟秘书长

王子冬　中国汽车动力电池产业创新联盟副秘书长

委　员（排名不分先后）

马小利	王　耀	邹　朋	曹国庆	尹艳萍	高可心
张文静	王　芳	张志邦	高　雷	云晓明	赵世佳
王建斌	孟祥峰	刘　岩	张红波	吕　鹏	徐爱东
余雅琨	方彦彦	方　升	史　冬	云凤玲	沈雪玲
李　泓	胡勇胜	陆雅翔	张宇平	别传玉	郭　庆
陆荣华	杨　震	武丹丹	张金平	刘书源	邢　涛
阳如坤	黄　倩	于　冰	胡文慧	肖力源	刘进萍
李　慧	王　聪				

前　言

2022 年，我国新能源汽车和动力电池市场爆发式增长，尽管面临原材料价格上涨、芯片短缺等多重不利因素，但产业总体仍保持了较高的增长活力。根据合格证数据，2022 年全年，我国新能源汽车产量达到 633.7 万辆，动力电池累计装车量达到 294.6GW·h，动力电池出口量全年累计 68.1GW·h，产业已形成一定的发展规模。2023 年，新能源汽车产业进入叠加交汇、融合发展的新阶段，面对全球竞争环境和自身不断壮大的发展需求，动力电池产业进入新的发展阶段，全产业链正在积极主动地对发展模式进行调整，努力朝着确保产业安全、资源可控、产能部署、绿色低碳的方向发展，新的可持续发展的产业生态正在形成。动力电池产业当前必须抢抓新阶段的战略机遇，巩固良好发展势头，充分发挥当前上游细分领域的发展优势，不断提升产业核心竞争力，进一步推动新能源汽车产业高质量可持续发展。

面向新阶段新挑战，国联汽车动力电池研究院有限责任公司（中国汽车动力电池产业创新联盟）组织行业企业和权威专家共同研究编制《2022—2023 年中国汽车动力电池及氢燃料电池产业发展年度报告》，本报告为年度发展报告，重点探讨 2022 年当年的产业情况，主要涵盖新能源汽车、动力电池与燃料电池产业的发展情况、发展特点、发展趋势预测，同时邀请行业知名企业和专家结合 2022 年的发展特点从宏观发展方向判断、动力电池及上下游产业发展情况等不同角度开展专家个人视角分享，旨在总结 2022 年发展经验，为 2023 年及今后产业发展提供参考和借鉴，也希望能为读者从不同视角提供一些参考和帮助。

最后，在此特别感谢王子冬、肖成伟、秦兴才、王芳、杨续来五位专家在报告多次评审环节和交流过程中给予的精心指导。由于水平有限，本书疏漏和不足之处在所难免，敬请读者谅解并不吝赐教。

目　录

动力电池
氢燃料电池
2022——2023

中国汽车动力电池及
氢燃料电池产业
发展年度报告

2022—2023 年

第一部分
新能源汽车篇

一、2022 年中国新能源汽车产业发展状况

（一）新能源汽车产业发展整体情况

2022 年，我国新能源汽车产量为 633.7 万辆⊖，同比增长 93.3%（图 1.1），市场持续增长。按车型划分，新能源乘用车和商用车产量分别为 597.9 万辆和 35.8 万辆，同比分别增长 95.6% 和 61.1%（图 1.2）。按动力类型划分，纯电动和插电式混合动力车型产量分别为 486.4 万辆和 146.7 万辆，同比分别增长 77.6% 和 173.3%；燃料电池电动汽车（以下简称燃料电池汽车）产量 5492 辆，同比增长 101.5%（图 1.3 和表 1.1）。

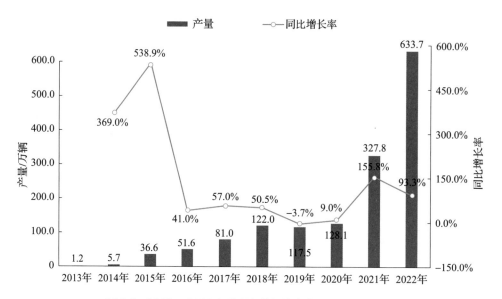

图 1.1 2013—2022 年我国新能源汽车产量及同比增长率

注：数据来源于中国汽车动力电池产业创新联盟。

⊖ 产量数据来源于合格证口径。

图 1.2　2013—2022 年我国新能源汽车不同用途车型产量及同比增长率

注：数据来源于中国汽车动力电池产业创新联盟。

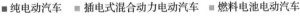

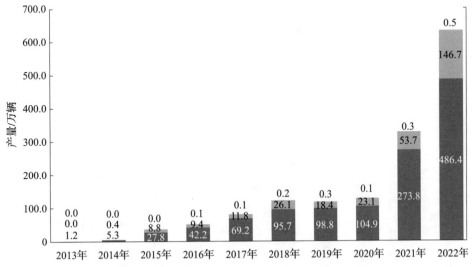

图 1.3　2013—2022 年中国新能源汽车不同动力类型产量

注：数据来源于中国汽车动力电池产业创新联盟。

表 1.1　2013—2022 年我国新能源汽车不同动力类型产量及增长率

年　份	2013 年	2014 年	2015 年	2016 年	2017 年	2018 年	2019 年	2020 年	2021 年	2022 年
纯电动汽车产量 / 万辆	1.2	5.3	21.8	42.2	69.2	95.7	98.8	104.9	273.8	486.4
插电式混合动力电动汽车产量 / 万辆	0.002	0.4	8.8	9.4	11.8	26.1	18.4	23.1	53.7	146.7
燃料电池电动汽车产量 / 辆	0	6	10	629	1145	1619	3022	1434	2725	5492
纯电动汽车同比增长率（%）	—	338.4	420.4	51.5	64.0	38.4	3.2	6.1	161.2	77.6
插电式混合动力电动汽车同比增长率（%）	—	18975.0	2201.5	6.8	25.6	121.9	−29.5	25.5	132.0	173.3
燃料电池电动汽车同比增长率（%）	—	—	66.7	6190.0	82.0	41.4	86.7	−52.5	90.0	101.5

注：数据来源于中国汽车动力电池产业创新联盟。

从单月产量看，2022 年全年我国新能源汽车月度产量均高于 2021 年同期，8 月后，月度产量均超 60 万辆，12 月单月产量 71.8 万辆，同比增长 33.5%，达全年新高（图 1.4）。

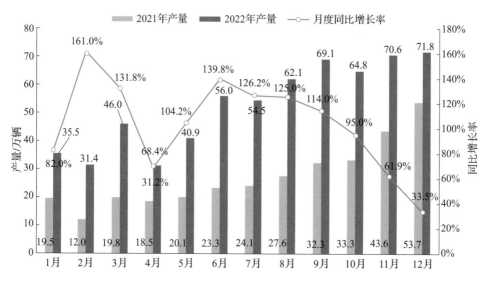

图 1.4　2021—2022 年我国新能源汽车月度产量及月度同比增长率

注：数据来源于中国汽车动力电池产业创新联盟。

按车型产量划分，乘用车是我国新能源汽车市场主体，乘用车在 2022 年下半年月度产量稳定在 50 万辆以上，12 月乘用车月度产量最高，达 66.2 万辆（图 1.5）。

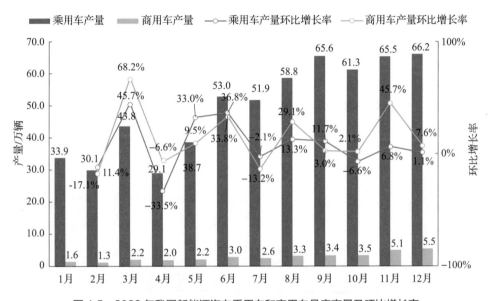

图 1.5　2022 年我国新能源汽车乘用车和商用车月度产量及环比增长率

注：数据来源于中国汽车动力电池产业创新联盟。

按动力类型划分，纯电动汽车、插电式混合动力电动汽车与燃料电池电动汽车月度产量总体呈现逐月增长趋势，纯电动汽车从 2022 年 6 月起，单月产量稳定在 40 万辆以上。2022 年 12 月纯电动汽车单月产量为 54.6 万辆，达到全年新高。插电式混合动力电动汽车产量月度平均占比超过 20%（表 1.2 和图 1.6）。

表 1.2　2022 年我国新能源汽车不同动力类型月度产量及环比增长率

月　份	1月	2月	3月	4月	5月	6月	7月	8月	9月	10月	11月	12月
纯电动汽车产量／万辆	27.3	23.9	37.7	24.6	31.9	44.6	41.1	47.0	51.9	47.9	54.0	54.6
插电式混合动力电动汽车产量／万辆	8.2	7.4	8.3	6.5	9.0	11.3	13.3	15.1	17.1	16.9	16.5	17.1
燃料电池汽车产量／辆	86	230	63	66	306	797	427	577	521	352	788	1279
纯电动汽车增长率（%）	—	−12.4	57.5	−34.6	29.5	39.8	−7.8	14.2	10.5	−7.7	12.8	1.0

（续）

月　份	1月	2月	3月	4月	5月	6月	7月	8月	9月	10月	11月	12月
插电式混合动力电动汽车增长（%）	—	−9.0	11.9	−21.6	38.6	25.0	17.8	13.5	13.6	−1.4	−2.4	3.5
燃料电池汽车增长率（%）	—	167.4	−72.6	4.8	363.6	160.5	−46.4	35.1	−9.7	−32.4	123.9	62.3

注：数据来源于中国汽车动力电池产业创新联盟。

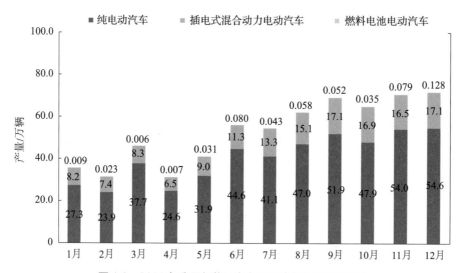

图1.6　2022年我国新能源汽车不同动力类型月度产量

注：数据来源于中国汽车动力电池产业创新联盟。

（二）新能源汽车产业细分领域发展情况

2022年我国新能源汽车不同车型产量情况见表1.3，新能源汽车车型主要包括新能源乘用车和新能源商用车，新能源商用车又包括新能源客车及新能源专用车。

1. 新能源乘用车

2022年，我国纯电动乘用车与插电式混合动力（简称插混）乘用车产量分别为451.6万辆和146.3万辆，同比分别增长78.9%和175.0%[一]（图1.7）。

[一]　本节仅对纯电动乘用车与插电式混合动力乘用车进行分析，因燃料电池乘用车数量较少，故不在此处分析。

表 1.3　2022 年我国新能源汽车不同车型产量

动力电池类型	乘用车			客车			专用车			合计
	纯电动乘用车	插电式混合动力乘用车	燃料电池乘用车	纯电动客车	插电式混合动力客车	燃料电池客车	纯电动专用车	插电式混合动力专用车	燃料电池专用车	
三元材料	153.3 万辆	49.5 万辆	210 辆	0	0	0	0.6 万辆	0.1	0	203.5 万辆
磷酸铁锂	298.3 万辆	96.7 万辆	0	5.2 万辆	358 辆	0.1 万辆	28.9 万辆	0.1 万辆	0.2 万辆	429.6 万辆
锰酸锂	500 辆	0	0	434 辆	563 辆	88 辆	194 辆	33 辆	0.2 万辆	3865 辆
钛酸锂	0	0	0	673 辆	0.1 万辆	0	0	0	0	1428 辆
其他	0	178 辆	0	114 辆	0	15 辆	0	0	318 辆	625 辆
合计	451.6 万辆	146.3 万辆	210 辆	5.3 万辆	0.2 万辆	0.1 万辆	29.5 万辆	0.3 万辆	0.4 万辆	633.7 万辆
占比	75.5%	24.5%	0.0%	94.7%	3.0%	2.3%	97.7%	1.0%	1.3%	
车型合计	597.9 万辆			5.6 万辆			30.2 万辆			

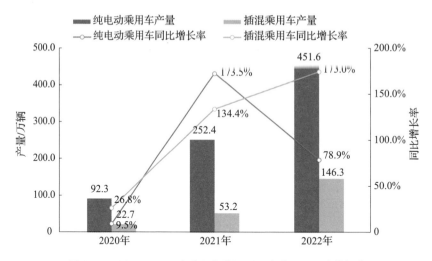

图 1.7　2020—2022 年我国新能源乘用车产量及同比增长率

注：数据来源于中国汽车动力电池产业创新联盟。

从车型等级分布情况看，2022 年我国新能源乘用车每款车型产量均呈现正增长，其中 SUV、微型车和紧凑型车产量排名前三，全年产量分别为 240.5 万辆、122.0 万辆和 111.2 万辆（图 1.8 和表 1.4），同比分别增长 131.6%、38.7% 和 101.3%。小型车、紧凑型车、中大型车和 SUV 增速均超 100%，分别为 251.9%、101.3%、171.4% 和 131.6%。与 2021 年相比，2022 年 SUV、

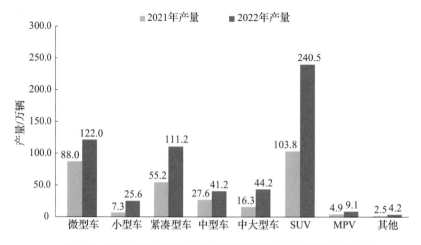

图 1.8　2021 年和 2022 年我国新能源乘用车不同等级车型产量

注：数据来源于中国汽车动力电池产业创新联盟。

表 1.4　2022 年我国新能源乘用车不同车型产量

车　　型	微型车	小型车	紧凑型车	中型车	中大型车	SUV[①]	MPV[②]	其他	总计
纯电动乘用车 /万辆	122.0	25.6	82.7	35.1	26.8	149.2	6.0	4.2	451.6
插电式混合动力乘用车 / 万辆	—	—	28.5	6.1	17.3	91.2	3.1	—	146.3
总计 / 万辆	122.0	25.6	111.2	41.2	44.2	240.5	9.1	4.2	597.9
占比	20.4%	4.3%	18.6%	6.9%	7.4%	40.2%	1.5%	0.7%	100.0%

注：本报告车型等级资料来源于汽车之家，微型车、小型车、紧凑型车、中型车及中大型车可理解为 A00 级、A0 级、A 级、B 级及 B+ 级车，其他车型为跑车、皮卡、轻型客车、微型客车、微小型客车（微面）等。

① SUV（Sport Utility Vehicle）即运动型多用途汽车。

② MPV（Multi-Purpose Vehicle）即多用途汽车。

小型及中大型车在新能源乘用车市场份额分别提升了 6.2 个百分点、1.9 个百分点和 2.1 个百分点（图 1.9），微型车在新能源乘用车市场份额降低了 8.4 个百分点。总体来看，微型车和 SUV 的变化幅度较大。

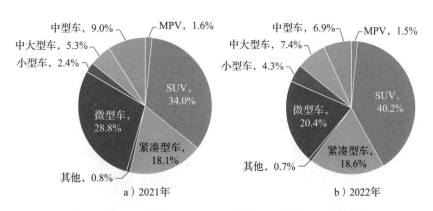

图 1.9　2021 年和 2022 年我国新能源乘用车不同车型等级占比

注：数据来源于中国汽车动力电池产业创新联盟。

从单车带电量情况看，与 2021 年相比，2022 年插电式混合动力乘用车的单车带电量总体呈现增长趋势。其中，中型插电式混合动力乘用车单车带电量增长幅度较大，平均增长 6.6kW·h；纯电动乘用车中，紧凑型车、小型车和微型车单车带电量呈现下降趋势，下降幅度不明显，中大型单车平均带电量增长幅度较大，平均增长 6.8kW·h（图 1.10）。

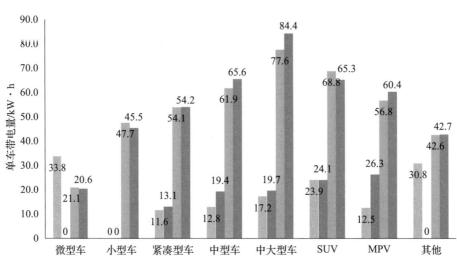

图 1.10　2021 年和 2022 年我国新能源乘用车单车带电量

注：数据来源于中国汽车动力电池产业创新联盟。

从续驶里程情况看，按照补贴标准划分，2022 年 300 km 以下、300（含）~
400 km、400 km 及以上车型产量分别为 79.8 万辆、52.6 万辆和 319.2 万辆，
在纯电动乘用车中产量占比分别为 17.7%、11.6% 和 70.7%。与 2021 年相比，
2022 年 400 km 以上车型在纯电动乘用车中占比较 2021 年增长 7.3 个百分点
（图 1.11）。紧凑型车、中型及中大型车、SUV 和 MPV 车型续驶里程大部分
分布在 400 km 及以上区间（图 1.12）。

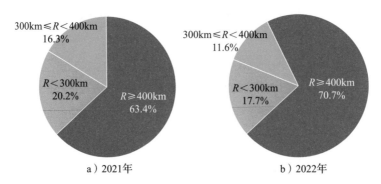

图 1.11　2021—2022 年纯电动乘用车不同续驶里程产量占比

注：图中 R 代表 WLTC 工况（世界轻型汽车测试循环工况）法计算的续驶里程。
资料来源：中国汽车动力电池产业创新联盟。

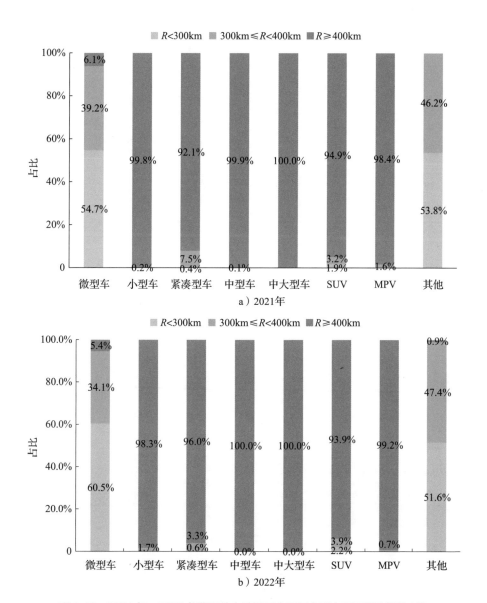

图1.12　2021年、2022年我国纯电动乘用车不同车型中不同续驶里程占比

注：数据来源于中国汽车动力电池产业创新联盟。

从能量密度情况看，2022年纯电动乘用车电池系统能量密度在140（含）～160W·h/kg的车型产量为162.3万辆，同比增长115.8%，占比提升至35.9%，与2021年相比提升了6.1%，主要原因是SUV、中型及中大型车较2021年增长明显（图1.13）。

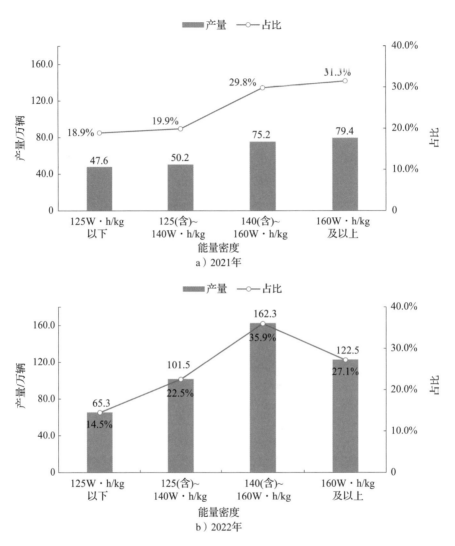

图 1.13　2021 年、2022 年我国纯电动乘用车不同系统能量密度产量及占比

注：数据来源于中国汽车动力电池产业创新联盟。

从市场集中度看，2022 年纯电动乘用车品牌$^\ominus$共计 299 款，前三名、前五名、前十名产量分别为 101.46 万辆、130.61 万辆和 185.17 万辆，市场占有率分别为 22.5%、28.9% 和 41.0%，其中，五菱宏光 MINI EV 产量 52.76 万辆，

$\ominus$ 因乘用车企业生产涉及合资、代工情况，部分车型难以完全准确划分所属车企集团，企业集中度不易表示，因此本部分以车型品牌维度来做竞争格局分析。

居于首位，特斯拉 Model Y、比亚迪海豚分别位居第二、第三（表 1.5 和表 1.6）。

表 1.5　2022 年我国纯电动乘用车品牌排名前十车型

品牌名称	产量 / 万辆	车型等级	市场售价（补贴前）/ 万元	市场份额
五菱宏光 MINI EV	52.76	微型车	3.28~9.99	11.68%
特斯拉 Model Y	31.54	SUV	26.19~36.19	6.98%
比亚迪海豚（比亚迪 EA1）	17.15	小型车	11.68~13.68	3.80%
比亚迪元 PLUS	15.93	SUV	13.98~16.78	3.53%
比亚迪汉	13.23	中大型车	21.78~33.18	2.93%
特斯拉 Model 3	12.88	中型车	22.99~32.99	2.85%
广汽埃安 Y（AION Y）	11.95	SUV	11.98~20.26	2.65%
比亚迪秦 Pro	11.43	紧凑型车	13.69~20.49	2.53%
哪吒 V	9.49	SUV	8.39~12.38	2.10%
奇瑞 QQ 冰淇淋	8.81	微型车	3.99~5.752	1.95%

注：数据来源于中国汽车动力电池产业创新联盟、汽车之家。

表 1.6　2022 年我国纯电动乘用车微型车、紧凑型车和 SUV 品牌产量排名前十车型

微型车品牌名称	产量 / 万辆	紧凑型车品牌名称	产量 / 万辆	SUV 品牌名称	产量 / 万辆
五菱宏光 MINI EV	52.8	比亚迪秦 Pro	11.4	特斯拉 Model Y	31.5
奇瑞 QQ 冰淇淋	8.8	广汽埃安 S（AION S）	8.6	比亚迪元 PLUS	15.9
长安糯玉米	7.4	比亚迪秦	6.5	广汽埃安 Y（AION Y）	12.0
奇瑞 eQ1	6.5	吉利几何 A	4.9	哪吒 V	9.5
零跑 T03	6.2	东风风神 E70	4.3	比亚迪宋	6.0
长安奔奔 E-Star 国民版	5.2	小鹏 P5	4.0	一汽 - 大众 ID.4 CROZZ	4.6
长安奔奔 E-Star	4.7	北京 EU5	3.4	零跑 C11	4.6
江淮思皓 E 10X	4.6	广汽传祺 AION S	3.1	蔚来 ES6	4.5
奇瑞小蚂蚁 eQ1	3.5	吉利帝豪 EV pro	2.9	上汽大众 ID.4 X	3.9
上汽科莱威 EV360	3.3	上汽大众 ID.3	2.8	宝马 X3 纯电动	3.4

注：数据来源于中国汽车动力电池产业创新联盟、汽车之家。

2022 年插电式混合动力乘用车品牌共计 87 款，前三名、前五名、前十名车型产量分别为 61.65 万辆、84.39 万辆和 110.41 万辆，市场占有率分别为

42.2%、57.7% 和 75.5%。理想、比亚迪、上汽及合资企业是主要的插电式混合动力乘用车品牌，其中，比亚迪宋 PLUS 产量为 30.31 万辆，占据市场份额 20.72%，居于首位，比亚迪王朝系列占据前五位（表 1.7）。

表 1.7　2022 年我国插混乘用车品牌排名前十车型

品牌名称	产量 / 万辆	车型等级	市场售价（补贴前）/ 万元	市场份额
比亚迪宋 PLUS	30.31	SUV	15.48~21.88	20.72%
比亚迪秦 PLUS	18.71	紧凑型车	9.98~17.88	12.80%
比亚迪汉	12.63	中大型车	21.78~33.18	8.63%
比亚迪唐	11.74	SUV	20.98~34.28	8.03%
比亚迪宋 Pro	11.00	SUV	14.08~16.58	7.52%
理想 ONE	8.77	SUV	34.98	6.00%
比亚迪驱逐舰 05	5.67	紧凑型车	12.18~15.78	3.87%
华为智选问界 M5	4.98	SUV	25.98~33.18	3.40%
理想 L9	4.22	SUV	45.98	2.88%
奔驰 E 350 e L	2.38	中大型车	43.68~55.60	1.63%

注：数据来源于中国汽车动力电池产业创新联盟、汽车之家。

在中外企业竞争格局中，我国品牌汽车竞争力与新市场开拓能力明显增强。新能源乘用车市场中，我国自主品牌在各车型中均有一定市场竞争力，特别是中型及中大型车，合资品牌在微型车和 SUV 在市场占有一席之地，主要为中美合资的上汽通用五菱和中德合资的一汽－大众、上汽大众（图 1.14）。

2. 新能源商用车⊖

2022 年新能源商用车（包含客车和专用车）市场呈现增长趋势。按动力类型划分，纯电动商用车和插电式混合动力商用车 2022 年产量分别为 34.8 万辆和 0.5 万辆，同比分别增长 62.3% 和下降 7.9%，纯电动商用车为新能源商用车市场主体，占比为 97.2%（图 1.15）。

⊖ 本节仅对纯电动商用车与插电式混合动力商用车进行分析，因燃料电池商用车数量较少，故不在此处分析。

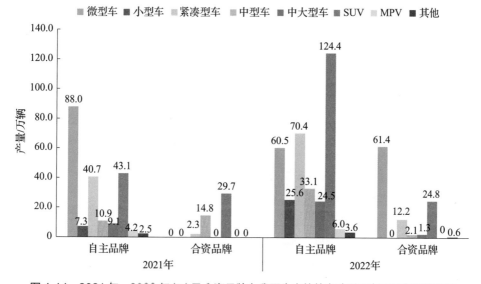

图 1.14　2021 年、2022 年自主及合资品牌在我国生产的纯电动乘用车不同车型的产量

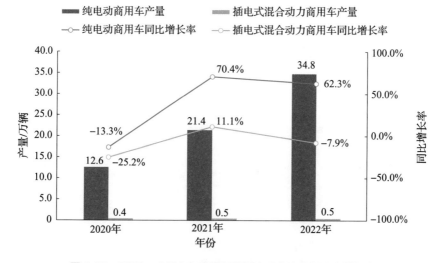

图 1.15　2020—2022 年我国新能源商用车产量及同比增长率

注：数据来源于中国汽车动力电池产业创新联盟。

（1）新能源客车市场情况

2022 年新能源客车产量为 5.6 万辆，同比增长 15.5%。其中，纯电动客车产量为 5.3 万辆，同比增长 17.8%；插电式混合动力客车产量为 0.2 万辆，同比下降 24.8%（图 1.16）。

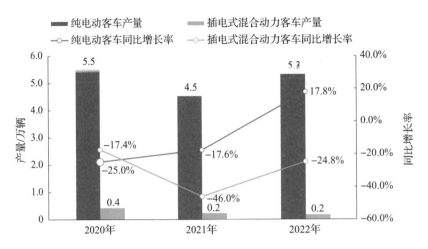

图 1.16　2020—2022 年我国新能源客车产量及同比增长率

注：数据来源于中国汽车动力电池产业创新联盟。

从单月产量情况看，纯电动客车 2022 年上半年单月产量波动较大，下半年起，产量呈逐月增长趋势（表 1.8 和图 1.17），2022 年 12 月，单月产量达到 11579 辆，达到全年新高；插电式混合动力客车单月总体占比较小，全年平均月度产量在 200 辆以下，市场仍以纯电动客车为主体。

表 1.8　2022 年我国新能源客车月度产量及环比增长率

月　　份	1 月	2 月	3 月	4 月	5 月	6 月	7 月	8 月	9 月	10 月	11 月	12 月
纯电动客车 / 辆	2216	852	4318	2106	2636	3822	2326	3322	5152	6114	8730	11579
插电式混合动力客车 / 辆	256	180	137	282	186	88	—	11	121	1	206	208
纯电动客车环比增长率（%）	12.4	−61.6	406.8	−51.2	25.2	45.0	−39.1	42.8	55.1	18.7	42.8	32.6
插电式混合动力客车环比增长率（%）	−21.2	−29.7	−23.9	105.8	−34.0	−52.7	−100.0	—	1000.0	−99.2	20500.0	1.0

注：数据来源于中国汽车动力电池产业创新联盟。

从单车带电量看，2022 年纯电动客车单车带电量为 213.9 kW·h，同比下降 0.5%；插电式混合动力客车单车带电量为 45.3 kW·h，同比增长 4.3%（图 1.18）。纯电动客车和插电式混合动力客车近三年来单车带电量维持相对较稳定的状态。

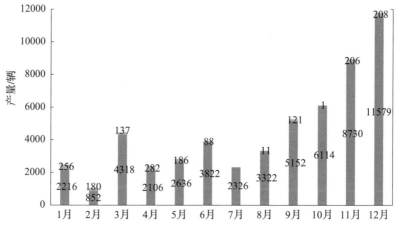

图 1.17　2022 年我国新能源客车月度产量

注：数据来源于中国汽车动力电池产业创新联盟。

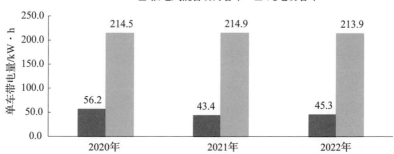

图 1.18　2020—2022 年我国新能源客车单车带电量

注：数据来源于中国汽车动力电池产业创新联盟。

在车长分布方面，2022 年，10m 以上、8~10（含）m、6~8（含）m 与 6m 及以下新能源客车产量分别为 2.7 万辆、2.0 万辆、0.5 万辆和 0.4 万辆，产量占比分别为 48.8%、35.0%、8.9% 和 7.2%。10m 以上客车产量占比逐年下降，下降幅度低于 0.2%（图 1.19）。

从市场集中度看，2022 年我国纯电动客车生产企业共计 59 家，前三家、前五家、前十家企业产量分别约为 1.8 万辆、2.4 万辆和 3.4 万辆，集中度占比分别为 34.2%、44.7% 和 64.9%（图 1.20）。其中，宇通客车全年产量 1.0 万辆，

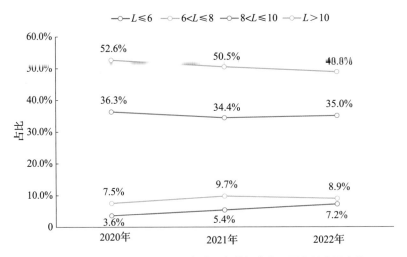

图 1.19　2020—2022 年我国新能源客车不同车长产量占比

注：数据来源于中国汽车动力电池产业创新联盟。

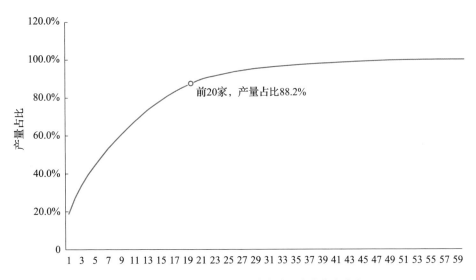

图 1.20　2022 年我国纯电动客车企业生产集中度水平

注：数据来源于中国汽车动力电池产业创新联盟。

占比 18.9%，居于行业首位；产量排名第二和第三名的企业依次为苏州金龙和中通客车（表 1.9）。插电式混合动力客车 2022 年国内共计 11 家企业实现生产，前三家、前五家企业产量分别为 1290 辆和 1503 辆，市场占有率分别为 77.0% 和 89.7%。其中，北汽福田产量为 793 辆，市场占有率为 47.32%（表 1.9）。

表 1.9　2022 年我国纯电动和插电式混合动力客车排名前十汽车企业产量及市场份额

序号	纯电动客车			插电式混合动力客车		
	企业简称	产量 / 万辆	市场份额	企业简称	产量 / 辆	市场份额
1	宇通	1.00	18.88%	北汽福田	793	47.32%
2	苏州金龙	0.45	8.54%	宇通	334	19.93%
3	中通客车	0.36	6.75%	恒通客车	163	9.73%
4	厦门金龙	0.30	5.57%	中通客车	117	6.98%
5	南京金龙	0.26	4.98%	奇瑞万达贵州客车	96	5.73%
6	中车时代	0.26	4.81%	福田欧辉	82	4.89%
7	厦门金旅	0.24	4.48%	厦门金龙	47	2.80%
8	吉利商用车	0.21	3.87%	申沃客车	21	1.25%
9	比亚迪	0.19	3.62%	万象汽车	20	1.19%
10	申沃客车	0.18	3.37%	吉利商用车	2	0.12%

注：数据来源于中国汽车动力电池产业创新联盟。

（2）新能源专用车市场情况

2022 年新能源专用车产量 29.8 万辆，同比增长 74.0%，其中，纯电动专用车与插电式混合动力专用车产量分别为 29.5 万辆和 0.3 万辆，同比分别增长 74.2% 和 5.8%（图 1.21）；与客车相比，月度产量整体平稳上涨（表 1.10 和图 1.22）。

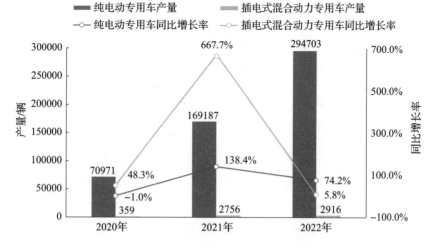

图 1.21　2020—2022 年我国新能源专用车产量及同比增长率

注：数据来源于中国汽车动力电池产业创新联盟。

表 1.10 2022 年新能源专用车月度产量及环比增长率

月　　份	1月	2月	3月	4月	5月	6月	7月	8月	9月	10月	11月	12月
纯电动专用车 / 辆	12895	10454	17105	17790	19133	25042	23029	29014	28510	28594	41348	41789
插电式混合动力专用车 / 辆	155	1230	153	93	49	129	90	489	129	71	114	214
纯电动专用车环比增长率（%）	47.0	-18.9	63.6	4.0	7.5	30.9	-8.0	26.0	-1.7	0.3	44.6	1.1
插电式混合动力专用车环比增长率（%）	15.7	693.5	-87.6	-39.2	-47.3	163.3	-30.2	443.3	-73.6	-45.0	60.6	87.7

注：数据来源于中国汽车动力电池产业创新联盟。

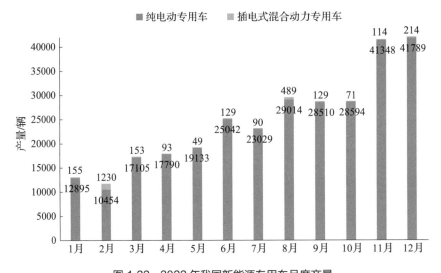

图 1.22 2022 年我国新能源专用车月度产量

注：数据来源于中国汽车动力电池产业创新联盟。

从用途分布情况看，专用车主要分为物流运输类、市政环卫类与其他三类车型，其中，物流运输类车型主要包括仓栅式运输车、厢式运输车、载货汽车、半挂牵引车、货车等，总产量占新能源专用车产量的 97.3%（图 1.23）；市政环卫类车型主要包括洗扫车、洒水车、垃圾车、抑尘车等，主要为政府采购用于城市作业，2022 年产量占比 2.1%。

从车型划分情况看，纯电动物流运输车可分为微型货车、轻型货车、中型货车和重型货车，其中重型货车增长至 2.3 万辆，同比增长 103.1%（表 1.11）。重型货车中的换电重型货车增长了 224.8%，以三一、华菱汽车、依维柯红岩、徐州工程几家企业的产品为主。

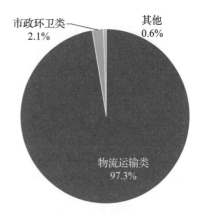

图 1.23　2022 年我国新能源专用车用途占比

注：数据来源于中国汽车动力电池产业创新联盟。

从市场集中度看，2022 年我国纯电动专用车生产企业共计 201 家。前三家、前五家、前十家企业分别生产了 8.6 万辆、12.2 万辆和 18.5 万辆（表 1.12），集中度占比分别为 28.9%、40.9% 和 62.2%，有 179 家企业占比不足 1%（图 1.24）。吉利商用车、瑞驰汽车和华晨鑫源分别居前三位，前两家企业产量均过 3 万辆。整体来看，2022 年新能源专用车市场生产企业增多，但生产集中度较高。

表 1.11　2021 年和 2022 年我国纯电动物流运输车产量及增长率

车辆类型		2021 年产量 / 辆	2022 年产量 / 辆	增长率
微型货车	纯电动	5965	3022	−49.3%
	换电	0	0	—
	总计	5965	3022	−49.3%
轻型货车	纯电动	144956	259847	79.3%
	换电	194	571	194.3%
	总计	145150	260418	79.4%
中型货车	纯电动	502	370	−26.3%
	换电	0	0	—
	总计	502	370	−26.3%
重型货车	纯电动	7039	8988	27.7%
	换电	4363	14170	224.8%
	总计	11402	23158	103.1%

（续）

车辆类型		2021 年产量 / 辆	2022 年产量 / 辆	增长率
总计	纯电动	158462	272227	71.8%
	换电	4557	14741	223.5%
	总计	163019	286968	76.0%

注：数据来源于中国汽车动力电池产业创新联盟。

表 1.12　2022 年我国新能源专用车企业产量及市场份额排名

序号	纯电动专用车			插电式混合动力专用车		
	企业简称	产量 / 万辆	市场份额	企业简称	产量 / 辆	市场份额
1	吉利商用车	3.50	11.88%	吉利商用车	1260	43.21%
2	瑞驰汽车	3.05	10.33%	山东汽车	1039	35.63%
3	华晨鑫源	1.93	6.53%	东风汽车	282	9.67%
4	东风汽车	1.86	6.31%	吉利汽车	128	4.39%
5	奇瑞汽车	1.70	5.75%	福建福迪	67	2.30%
6	北汽福田	1.66	5.64%	厦门金龙	27	0.93%
7	广西汽车	1.51	5.12%	中联重科	23	0.79%
8	上汽大通	1.16	3.93%	江淮汽车	17	0.58%
9	长安客车	1.13	3.84%	飞碟汽车	14	0.48%
10	山西新能源	0.87	2.94%	集瑞重工	12	0.41%

注：数据来源于中国汽车动力电池产业创新联盟。

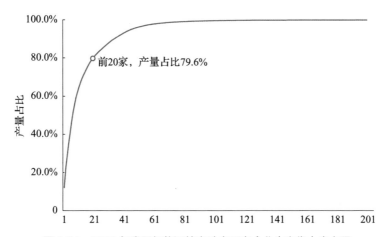

图 1.24　2022 年我国新能源纯电动专用车企业生产集中度水平

注：数据来源于中国汽车动力电池产业创新联盟。

二、2022 年中国新能源汽车产业运行特点

2022 年，在政策助力和市场推动下，我国新能源汽车产量整体稳步增长，连续 8 年保持全球第一，发展势头强劲，整体发展呈现以下特点。

一是新能源汽车产业实现大幅增长，其安全性仍需重视。相比前十年的发展，2022 年是我国新能源汽车产业发展历史上非常重要的一年，全年实现了产量从 2021 年的 327.8 万辆到 633.7 万辆近乎翻倍的增长，整个动力电池产业以及上游的材料产业均进入规模化的大宗产业发展阶段，产业发展迎来全球化发展机遇。公安部数据显示，截至 2022 年年底，全国新能源汽车保有量达 1310 万辆，占汽车总量的 4.10%。据报道，2022 年第一季度仍有多起新能源汽车事故发生。随着新能源汽车保有量基数的增加，新能源汽车的安全性仍需重视。

二是市场发展带动技术快速升级。①电池技术不断进步带动长续驶里程车型的发展，消费者里程焦虑减轻；②安全预警等整车安全防控技术进一步提升，多数汽车企业可以实现汽车热失控只冒烟不起火的状态，整车安全水平有较大提升；③整车低温技术正在进一步攻克，磷酸铁锂车型低温耗电量大问题逐步通过磷酸铁锰锂的混用、低温快速加热技术以及整车热管理技术的应用得到改善。

三是自主品牌车型竞争力大幅提升。2022 年，国内自主品牌新能源乘用车国内市场销售占比达到了 79.9%，同比提升 5.4 个百分点，新能源汽车出口量达到 67.9 万辆，同比增长 1.2 倍，全球新能源汽车销量排名前十的企业集团中，我国企业占据五席，自主品牌在新能源汽车产业正在快速崛起。

四是降碳成为汽车产业关注的焦点。2022 年，在全球碳中和发展的大背景下，交通领域成为我国十大降碳的重点领域，汽车产业作为交通领域的制造性企业，担负着重要的降碳任务。2022 年，汽车产业已开始正视并重视低碳产品和低碳供应链的开发，低碳发展思路也是产业快速走出去提升全球竞争力的关键所在。

五是新能源汽车产业生态逐步完善。基础设施方面，截至 2022 年年底，全国累计建成充电桩 521 万根、换电站 1973 座，其中，2022 年新增充电桩 259.3 万根、换电站 675 座，充换电基础设施建设速度明显加快。回收体系方面，国内累计建立动力电池回收服务网点超过 1 万个，基本实现就近回收，回

收生态正在逐步完善。

2022 年，新能源汽车产业在国产芯片开发速度仍相对较慢、上游原材料价格不稳定引起的成本上涨、外部相关的政策法案对产业走出去带来的困扰、动力电池铁路运输法规缺失、全球重大疫情蔓延等多重不利因素影响的发展形势下，总体仍朝着积极、健康、可持续的方向增长。总体来看，产业发展大势已定，产业面临巨大的发展机遇和增长空间。

三、2023 年中国新能源汽车市场发展预测

在碳中和宏观政策背景下，我国将坚定不移持续推动新能源汽车产业发展，随着产业市场化程度不断提升，充电基础设施不断完善，2023 年我国新能源汽车市场规模有望进一步提升。

一是车型结构方面，中大型车重要性显著提升。随着新能源汽车渗透率提升，新能源汽车的角色也从日常代步向家庭出行转换，中型及大型车辆逐步放量。汽车企业顺应渗透率提升趋势，增加高续驶里程车辆供给。我们选取 2021 年下半年及 2022 年下半年发布的共计 12 批《新能源汽车推广应用推荐车型目录》为例，在新发布车型中，纯电动轿车（含换电式）2021 年下半年发布 6 批次，共计 179 款，续驶里程小于 200km 的有 36 款，处于 200~400km 之间的有 36 款，处于 400~600km 之间的有 96 款，处于 600~800km 之间的有 11 款，均值为 376km；2022 年下半年发布 6 批次，共计 151 款，续驶里程小于 200km 的有 26 款，处于 200~400km 之间的有 21 款，处于 400~600km 之间的有 71 款，处于 600~800km 之间的有 31 款，大于 800km 的有 2 款，均值为 445km，如图 1.25 所示。预计 2023 年新能源汽车平均续驶里程有望进一步提升。

二是价格持续下降。一方面，受锂盐供给提升和动力电池去库存影响，上游原料价格显著下降，截至 2023 年 3 月 14 日，锂价已经由 2022 年 11 月 56.75 万元/t 的高位下降至 33.15 万元/t（图 1.26），新能源汽车生产成本有望下降；另一方面，传统燃油汽车掀起降价浪潮，降价压力波及新能源汽车，汽车企业或将下降的成本让渡给终端消费者（表 1.13）。考虑到车型供应逐步丰富、车辆智能化带来差异化体验、高油价下新能源汽车的使用成本优势明显，新能源汽车的需求仍有支撑。

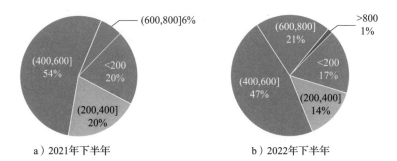

a）2021年下半年　　　　　b）2022年下半年

图 1.25　2021 年和 2022 年下半年《新能源汽车推广应用推荐车型目录》
新发布车型续驶里程区间占比

注：数据来源于工业和信息化部、华泰研究。

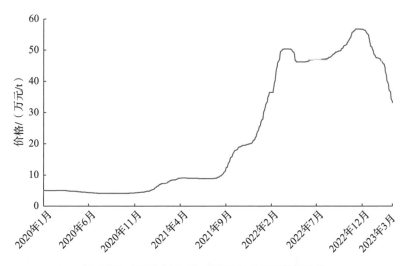

图 1.26　2020 年 1 月—2023 年 3 月碳酸锂价格

注：数据来源于 Wind、华泰研究。

表 1.13　部分车型降价情况

品　牌	车　　型	降价情况
特斯拉	Model 3	最高 3.6 万元
	Model Y	最高 4.8 万元
问界	M5 EV/ M7	最高 3 万元
小鹏	P5	最高 2.3 万元
	P7	最高 3.6 万元
	G3i	最高 2.5 万元

（续）

品 牌	车 型	降价情况
零跑	C01	3000 元抵 3 万元
哪吒	哪吒 S	5000 元抵 2 万元
埃安	S Plus/Y Plus	最高 5000 元
岚图	FREE	3 万元
	梦想家	4 万元
阿维塔	阿维塔 11	综合优惠 2.5 万元
蔚来	ES8 展车	最高 2.4 万元
	ES6 展车 / EC6 展车	最高 1.8 万元
极狐	阿尔法 S/ 阿尔法 T	最高 5 万元置换补贴
极氪	极氪 001	5000 元保险补贴
飞凡	R7	2.26 万元
哈弗	H6 PHEV	1.5 万元
长安深蓝	SL03	3000 元
比亚迪	王朝系列	最高 2 万元 (经销商)
广汽本田	极湃 1	2 万元
广汽丰田	bZ4X	6 万元 (经销商)
一汽丰田	bZ4X	3 万元
东风本田	e:NS1	3 万元
东风日产	艾睿雅	6 万元
东风雪铁龙	C6/C3–XR	最高 9 万元 (限湖北)
东风标致	408/508/2008	最高 4.8 万元 (限湖北)
吉利帝豪	帝豪 L Hi·P	3 万元
沃尔沃	C40/XC40	5000 元抵 2.5 万元
雷克萨斯	UX	10 万元
奔驰	C 级	6 万元 (北京经销商)
	E 级	5 万元 (北京经销商)
宝马	宝马 i3	10 万元 (经销商)
福特电马	全系	4 万元
上汽荣威	7 款主力车型	最高 5 万元 (限湖北)
上汽奥迪	A7L/Q6/Q5 e–tron	最高 16 万元 (员工内购)

注：数据来源于红星新闻、华泰研究，数据截止到 2023 年 3 月 9 日。

三是政策引导，"以用代补"推动各领域电动化进一步升级。自2023年1月1日开始，我国新能源汽车国家补贴正式退出。2023年2月3日，工业和信息化部、交通运输部等八部门在全国范围内启动了公共领域车辆全面电动化试点，该政策的实施有望加速载货车、专用车、公交车等的电动化进程。

四是汽车企业布局放量，企业加大新能源汽车投入，车型多样性有望提升。汽车企业增加新能源汽车方面的投入，车型多样性增加也将进一步激发下游新能源汽车市场需求。近年来，广汽、上汽、长安等自主品牌汽车企业均提出新能源汽车发展规划，加大新能源车型投入，与动力电池等关键零部件企业深化合作，不断提升产品性能，结合用户需求，创造新能源汽车产品新概念、新卖点，产业发展信心十足，下游需求有望快速提振（表1.14）。

表 1.14 国内外主流新能源乘用车企业发展规划

汽车企业	主要内容
广汽集团	力争到"十四五"期末，挑战实现产销量达350万辆，新能源汽车产品占整车产销规模超20%，成为行业先进的移动出行服务商
通用汽车	在2025年前，在全自动汽车和自动汽车方面投入270亿美元，在全球范围内发布30款新电动汽车，新能源汽车销量达到100万辆
特斯拉	特斯拉年销售量有望在2027年前达到2000万辆
上汽集团	坚持在纯电动、插电式混合动力、燃料电池三条技术路线上持续投入，计划在2025年前投放近百款新能源汽车产品；未来5年，上汽和大众计划共同投资1400亿元，瞄准汽车行业转型升级、新能源和智能网联的重点方向
理想汽车	到2025年，占据国内市场份额的20%，年销售量达到100万辆
长城汽车	计划在2025年销售200万辆汽车，其中70万辆是新能源汽车，占年销量的1/3以上
长安汽车	2025年，目标销量600万辆，市场占有率15.7%，其中自主品牌销量350万辆，新能源汽车销量116万辆。2025年前，累计推出21款纯电动车型和12款插电式混合动力车型。到2025年，牵头投资1000亿元，用于打造新能源汽车全产业链，并将停售传统燃油汽车
丰田	到2023年，电气化车辆达到550万辆，其中混合动力和插电式混合动力车型达到450万辆以上，纯电动和燃料电池车型达到100万辆以上

注：数据来源于第一电动网、汽车之家、华泰研究。

五是汽车企业2023年销量规划同比高速增长。从汽车企业规划看，比亚迪于2022年4月初宣布停止生产燃油汽车整车，将专注于纯电动和插电式混合动力汽车业务，并提出2023年400万辆的销售目标，同比增幅超114%；

特斯拉 2023 年销量规划为 180 万~200 万辆，同比增长 37%~52%；东风汽车销售目标为 350 万辆，其中新能源汽车销售目标为 60 万辆，同比增长 73%（表 1.15）。汽车企业看重 2023 年市场，有望支撑行业规模高速增长。

表 1.15　2023 年我国部分汽车企业销量规划情况

汽车企业	2023 年销售目标 / 万辆	2022 年实际销量 / 万辆	同比增长	2022 年新能源汽车销量 / 万辆	2022 年新能源汽车占比
上汽集团	600	530.26	13%	107.34	20.2%
比亚迪	400	186.85	114%	186.35	99.7%
一汽集团	400	320	24.8%	18.0	5.6%
东风汽车	350	246.45	42%	34.61	14.0%
长安汽车	280	234.62	19%	27.12	11.5%
广汽集团	267	243.4	10%	31.59	13.0%
吉利汽车	165	143.3	15%	32.87	22.9%
长城汽车	160	106.7	50%	13.18	12.4%
特斯拉	180~200	131.39	37%~52%	131.39	100%
合众汽车	30	15.2	97%	15.2	100%
理想汽车	25~30	13.3	88%~125%	13.3	100%
蔚来汽车	20	12.2	63%	12.2	100%
小鹏汽车	20	12.1	65%	12.1	100%
零跑汽车	20	11.1	80%	11.1	100%

注：2023 年销售目标为集团销售口径，包含燃油汽车和新能源汽车。资料来源于腾讯网、各企业官网、华泰研究。

综合考虑以上因素，预计 2023 年我国新能源汽车产业规模将继续保持增长态势，产量规模预测合计将达到 844.6 万辆，同比增长 33.4%。

新能源乘用车方面，预计 2023 年新能源乘用车产量增速为 33.9%，对应产量约为 800.6 万辆（表 1.16）。从汽车产量构成看，预计 2023 年私人用户端车型将延续高景气的状态，中大型车有望持续增长；此外，运营端需求逐步恢复，也将支撑 2023 年汽车产量增长。

新能源商用车方面（不含燃油汽车），随着充电设施等基础设施不断完善，预计 2023 年新能源商用车产量为 44.0 万辆，增速为 24.8%（表 1.17）。

表 1.16 2023 年我国新能源乘用车市场预测

车　　型		2022 年产量 /万辆	2023 年产量（预测）/ 万辆	增速（预测）
纯电动乘用车	微型车	121.97	134.17	10.0%
	小型车	25.58	29.41	15.0%
	紧凑型车	82.65	107.45	30.0%
	中型及大型车	61.93	86.71	40.0%
	SUV/MPV/ 其他	159.48	223.27	40.0%
	合计	451.62	581.01	28.7%
插电式混合动力乘用车	紧凑型车	28.54	37.11	30.0%
	中型及大型车	23.41	36.28	55.0%
	SUV/MPV/ 其他	94.33	146.21	55.0%
	合计	146.26	219.59	50.1%
新能源乘用车总计		597.9	800.6	33.9%

注：数据来源于华泰证券股份有限公司、中国汽车动力电池产业创新联盟。

表 1.17 2023 年新能源商用车市场预测

车　　型	2022 年产量 / 万辆	2023 年产量（预测）/ 万辆	增速（预测）
纯电动客车	5.32	6.65	25.0%
插电式混合动力客车	0.17	0.15	−10.0%
纯电动物流运输车	28.7	35.87	25.0%
插电式混合动力物流运输车	0.27	0.33	20.0%
纯电动市政环卫车	0.62	0.77	25.0%
插电式混合动力市政环卫车	0	0.01	25.0%
纯电动其他专用车	0.16	0.19	20.0%
插电式混合动力其他专用车	0.01	0.01	0.0%
新能源商用车总计	35.3	44.0	24.8%

注：数据来源于华泰证券股份有限公司、中国汽车动力电池产业创新联盟。

动力电池
氢燃料电池
2022—2023

中国汽车动力电池及
氢燃料电池产业
发展年度报告

2022—2023 年

第二部分
动力电池篇

一、2022 年中国动力电池产业发展状况

（一）市场供需分析

1. 中国动力电池产量情况

据中国汽车动力电池产业创新联盟统计，2022 年，我国动力电池产量[一]达545.9GW·h，累计同比增长 148.5%。其中，三元电池累计产量为 212.5GW·h，占总产量的 38.9%，累计同比增长 126.4%；磷酸铁锂电池累计产量为332.4GW·h，占总产量的 60.9%，累计同比增长 165.1%；锰酸锂电池产量为 0.7GW·h，占总产量的 0.1%，同比增长 108.4%；钛酸锂电池产量为0.1GW·h，占总产量的 0.02%，同比下降 7.5%（图 2.1）。

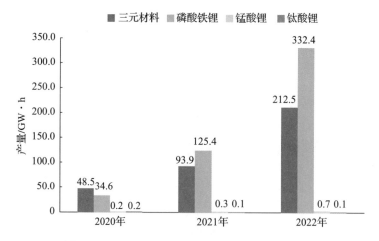

图 2.1　2020—2022 年我国各种材料种类电池产量

注：数据来源于中国汽车动力电池产业创新联盟。

2. 中国动力电池销量情况

2022 年我国动力电池销量[二]达 465.5GW·h，累计同比增长 150.3%。其

[一]　电池产量的种类包含低速车辆电池和部分储能电池。

[二]　电池销量包含低速车辆电池和部分储能电池。

中，三元电池累计销量为 193.5GW·h，占总销量的 41.6%，累计同比增长
143.2%；磷酸铁锂电池累计销量为 271.0GW·h，占总销量的 58.2%，累计同
比增长 155.7%；锰酸锂电池销量为 0.7GW·h，占总销量的 0.1%，同比增长
135.2%；钛酸锂电池销量为 0.1 GW·h，占总销量的 0.03%，同比下降 0.3%
（见图 2.2）。

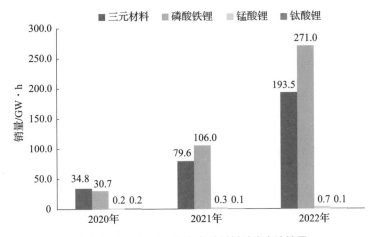

图 2.2　2020—2022 年各种材料种类电池销量

注：数据来源于中国汽车动力电池产业创新联盟。

2022 年我国动力电池出口量达 68.1GW·h，累计同比增长 164.2%
（图 2.3）。出口产品类型以三元电池为主，出口量逐月增加（图 2.4）。

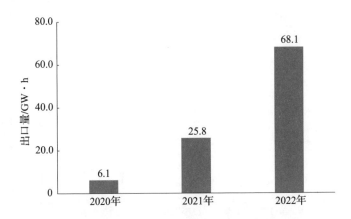

图 2.3　2020—2022 年我国动力电池出口量

注：数据来源于中国汽车动力电池产业创新联盟。

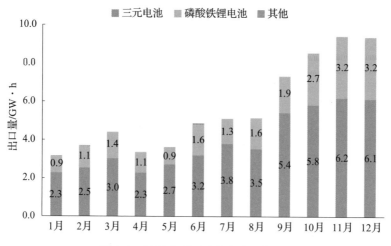

图 2.4　2022 年我国动力电池月度出口量

注：数据来源于中国汽车动力电池产业创新联盟。

3. 中国动力电池市场装车情况

2022 年，我国动力电池装车量共计 294.6GW·h（图 2.5），同比增长 90.7%，2022 年四个季度装车量同比均呈现正增长，第四季度装车量达 101.0GW·h（图 2.6）。动力电池装车量呈现稳定增长趋势（图 2.7）。

图 2.5　2013—2022 年我国动力电池装车量及同比增长率

注：数据来源于中国汽车动力电池产业创新联盟。

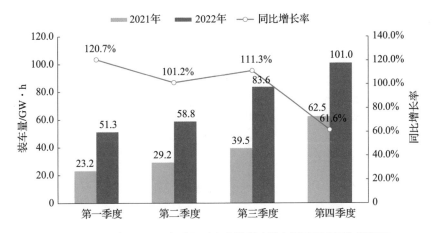

图 2.6　2021 年、2022 年我国动力电池季度装车量及季度同比增长率

注：数据来源于中国汽车动力电池产业创新联盟。

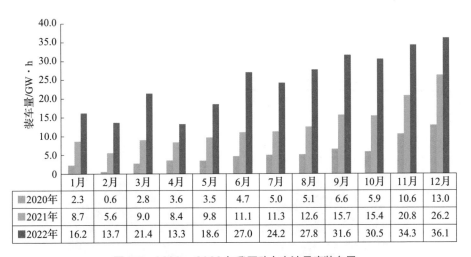

	1月	2月	3月	4月	5月	6月	7月	8月	9月	10月	11月	12月
2020年	2.3	0.6	2.8	3.6	3.5	4.7	5.0	5.1	6.6	5.9	10.6	13.0
2021年	8.7	5.6	9.0	8.4	9.8	11.1	11.3	12.6	15.7	15.4	20.8	26.2
2022年	16.2	13.7	21.4	13.3	18.6	27.0	24.2	27.8	31.6	30.5	34.3	36.1

图 2.7　2020—2022 年我国动力电池月度装车量

注：数据来源于中国汽车动力电池产业创新联盟。

从材料种类来看，2022 年三元电池装车量为 110.4GW·h，占总装车量的 37.5%，同比增长 48.6%；磷酸铁锂电池装车量为 183.8GW·h，占总装车量的 62.4%，同比增长 130.2%（图 2.8、图 2.9 和表 2.1），二者合计占比达99.9%，市场份额进一步集中，产品技术路线更为明确，其余种类电池的市场进一步受到挤压。随着刀片电池、电池无模组技术（CTP）等新技术的成熟，磷酸铁锂系统能量密度提升，其在成本、安全方面的优势逐渐凸显，市场占比提升，在纯电动乘用车和插电式混合动力乘用车中的比例分别为 58.3% 和 54.1%，相比 2021 年，分别提升了 13.3 和 22.5 个百分点，三元电池的占比下降（图 2.10）。

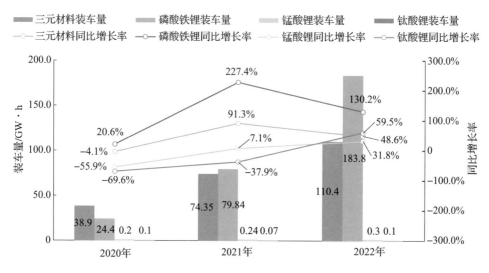

图 2.8　2020—2022 年我国各种材料种类电池装车量

注：数据来源于中国汽车动力电池产业创新联盟。

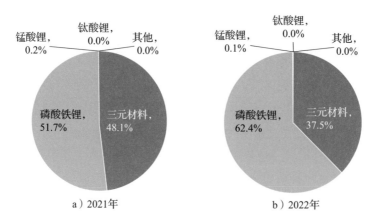

图 2.9　2021 年、2022 年我国不同材料动力电池装车量占比

注：数据来源于中国汽车动力电池产业创新联盟。

表 2.1 2022 年我国新能源汽车动力电池装车量及占比

材料种类	乘用车			客车			专用车			合计
	纯电动乘用车	插电式混合动力乘用车	燃料电池乘用车	纯电动客车	插电式混合动力客车	燃料电池客车	纯电动专用车	插电式混合动力专用车	燃料电池专用车	
三元材料／MW·h	95839.1	14289.8	2.7	—	—	—	286.3	26.6	—	110444.5
磷酸铁锂／MW·h	134212.5	16851.5	—	11191.1	21.0	124.5	21102.1	72.8	177.7	183753.3
锰酸锂／MW·h	40.0	—	—	93.6	24.8	3.9	15.8	3.0	133.2	314.3
钛酸锂／MW·h	—	—	—	85.1	30.1	—	—	—	—	115.2
其他／MW·h	—	7.1	—	6.1	—	0.8	—	—	6.2	20.2
合计／MW·h	230091.6	31148.4	2.7	11375.9	75.9	129.3	21404.3	102.4	317.1	294647.5
总计／MW·h	261242.7			11581.1			21823.8			
占比	88.1%	11.9%	0.0%	98.2%	0.7%	1.1%	98.1%	0.5%	1.5%	—

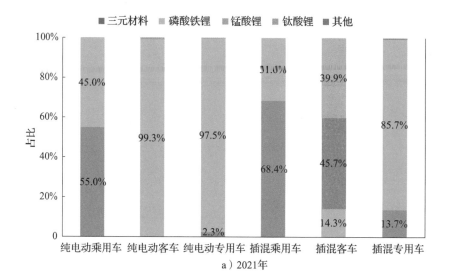

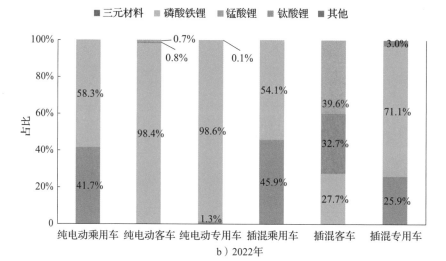

图 2.10 2021 年和 2022 年不同车型中不同种类电池装车量占比

注：数据来源于中国汽车动力电池产业创新联盟。

按动力类型划分，2022 年，除插混客车装车量下降外，其余类型装车量均有所提高。纯电动乘用车和纯电动专用车装车量分别为 230.1GW·h 和 21.4GW·h，分别同比增长 89.0% 和 75.9%；插混乘用车和插混专用车装车量分别为 31.1GW·h 和 0.1GW·h，分别同比增长 198.5% 和 4.9%（图 2.11 和表 2.1）。其中，纯电动乘用车和插混乘用车具体装车量见表 2.2。

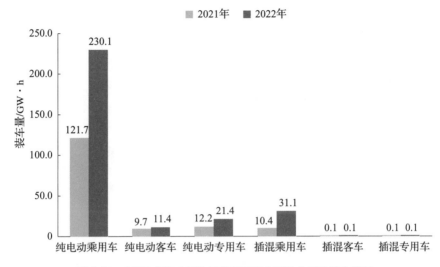

图 2.11 2021 年和 2022 年我国不同车型动力电池装车情况

注：数据来源于中国汽车动力电池产业创新联盟。

表 2.2 2022 年我国新能源乘用车动力电池装车量及占比

乘用车动力类型	微型车	小型车	紧凑型车	中型车	中大型车	SUV	MPV	其他	总计
纯电动 /MW·h	25149.2	11638.4	44782.8	23028.9	22635.4	97416.1	3632.2	1808.6	230091.6
插电式混合动力 /MW·h	—	—	3748.4	1175.8	3419.6	21997.1	807.4	—	31148.4
总计 /MW·h	25149.2	11638.4	48531.2	24204.7	26055.0	119413.2	4439.6	1808.6	261240.0
占比（％）	9.6	4.5	18.6	9.3	10.0	45.7	1.7	0.7	100.0

从封装工艺看，2022 年方形、软包和圆柱动力电池装车量分别为 269.5GW·h、16.0GW·h 和 9.1GW·h，分别占动力电池总装车量的 91.5%、5.4% 和 3.1%，圆柱电池装车量占比下降 2.7 个百分点（图 2.12）。宁德时代、比亚迪、中创新航、国轩高科、欣旺达等电池企业的产品均以方形电池为主（表 2.3），刀片电池、CTP 等结构创新技术也在一定程度上助推了方形电池的应用。国内软包电池装车量首位为孚能科技（表 2.4），圆柱电池供应企业主

要为 LG 新能源和国轩高科（表 2.5）。

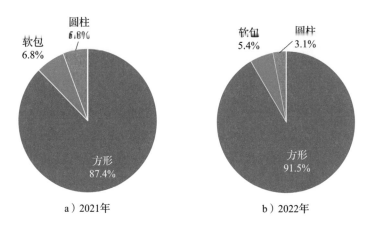

a）2021年   b）2022年

图 2.12 2021 年和 2022 年我国不同封装工艺电池装车量占比

注：数据来源于中国汽车动力电池产业创新联盟。

表 2.3 2022 年我国方形电池装车量前五名企业装车量与占比

序号	方形电池企业名称	装车量 /GW·h	占比
1	宁德时代	141.3	52.4%
2	比亚迪	69.1	25.6%
3	中创新航	19.2	7.1%
4	国轩高科	9.7	3.6%
5	欣旺达	7.7	2.9%

注：数据来源于中国汽车动力电池产业创新联盟。

表 2.4 2022 年我国软包电池装车量前五名企业装车量与占比

序号	软包电池企业名称	装车量 /GW·h	占比
1	孚能科技	5.3	33.1%
2	亿纬锂能	2.7	16.8%
3	捷威动力	2.4	15.2%
4	多氟多	1.7	10.8%
5	华鼎国联	1.0	6.6%

注：数据来源于中国汽车动力电池产业创新联盟。

表 2.5　2022 年我国圆柱电池装车量前五名企业装车量与占比

序号	圆柱电池企业名称	装车量 /GW·h	占比
1	LG 新能源	5.05	55.16%
2	国轩高科	3.64	39.82%
3	三星	0.17	1.88%
4	比克电池	0.07	0.78%
5	航天锂电	0.05	0.49%

注：数据来源于中国汽车动力电池产业创新联盟。

（二）市场格局分析

1. 整体情况

2022 年我国新能源汽车市场共计 57 家（按集团统计）动力电池企业实现装车配套，与 2021 年一致，前三名、前五名、前十名动力电池企业的动力电池装车量分别为 230.4GW·h、251.4GW·h 和 279.8GW·h，占总装车量的比例分别为 78.2%、85.3% 和 95.0%。（表 2.6）。企业梯队分层明显，从 2013 年以来，我国动力电池装车量市场集中度明显提升（图 2.13 和图 2.14），龙头企业市场份额保持高位，后 47 家动力电池企业单家市场占比均不足 1%。

表 2.6　2022 年我国动力电池装车量前十名企业装车量与占比

序号	企业名称	装车量 /GW·h	占比
1	宁德时代	142.0	48.2%
2	比亚迪	69.1	23.5%
3	中创新航	19.2	6.5%
4	国轩高科	13.3	4.5%
5	欣旺达	7.7	2.6%
6	亿纬锂能	7.2	2.4%
7	蜂巢能源	6.1	2.1%
8	孚能科技	5.4	1.8%
9	LG 新能源	5.2	1.8%
10	瑞浦兰钧	4.5	1.5%

注：数据来源于中国汽车动力电池产业创新联盟。

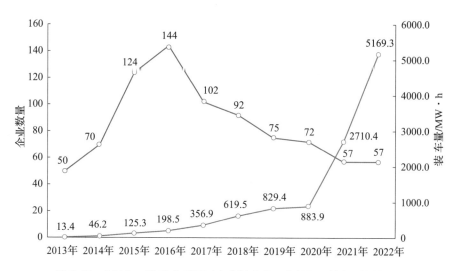

图 2.13　2013—2022 年我国动力电池企业配套数量及单家平均装车量

注：数据来源于中国汽车动力电池产业创新联盟。

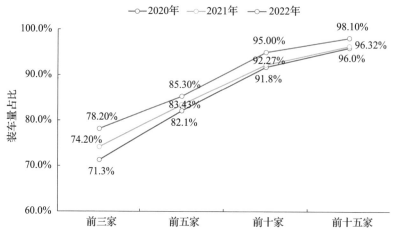

图 2.14　2020—2022 年我国动力电池企业装车供应集中度水平

注：数据来源于中国汽车动力电池产业创新联盟。

从外资企业情况看，2022 年为国内新能源汽车市场配套的外资动力电池企业共 5 家，共计配套 11.1 万辆。动力电池装车量共计 6.4GW·h，同比下降 15.9%，占动力电池装车总量的 2.2%（图 2.15），主要的电池类型为三元电池。国产特斯拉（LG 新能源）是外资动力电池企业主要配套的汽车企业，其余配套汽车企业主要为丰田（松下）、本田（松下、PPES）、上汽通用（LG 新能源）等（表 2.7）。乘用车自主品牌目前包括北汽极狐（北电爱思特）、吉利豪情极星（LG 新能源）和东风岚图（三星）三款车型。在电池产品方面，日韩动力电池企业均采用三元技术路线。

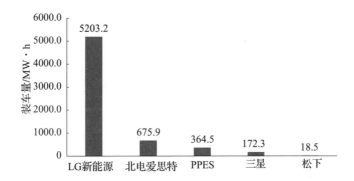

图 2.15　2022 年外资动力电池企业在我国新能源汽车市场装车量情况

注：数据来源于中国汽车动力电池产业创新联盟。

表 2.7　2022 年我国外资动力电池企业配套情况

序号	外资动力电池企业名称	配套汽车企业
1	LG 新能源	上汽通用
		吉利
		特斯拉
2	北电爱思特	北汽麦格纳
3	PPES（泰星能源）	东风本田
		广汽本田
		广汽丰田
		一汽丰田
4	三星	东风汽车
5	松下	广汽丰田
		一汽丰田

注：数据来源于中国汽车动力电池产业创新联盟。

2. 不同车型的配套企业情况

2022 年，我国纯电动乘用车、纯电动客车、纯电动专用车、插混乘用车、插混客车和插混专用车配套的动力电池企业数量分别为 37 家、16 家、28 家、16 家、6 家和 8 家（图 2.16），纯电动乘用车和纯电动客车电池配套企业相对稳定。

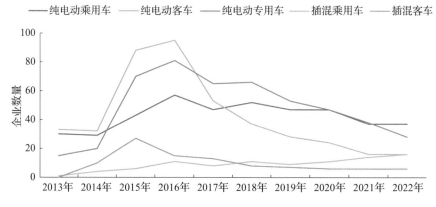

图 2.16　2013—2022 年我国不同车型领域配套动力电池企业数量

注：数据来源于中国汽车动力电池产业创新联盟。

新能源乘用车方面，纯电动乘用车市场中，2022 年装车量前三名、前五名企业的装车量占比分别为 76.3% 和 84.4%，宁德时代、比亚迪仍占据前两位，中创新航装车量排名上升至第三位（图 2.17）。

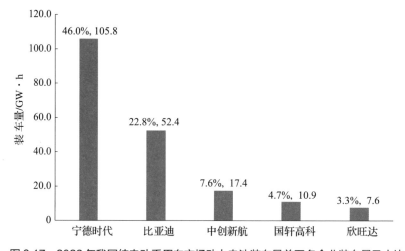

图 2.17　2022 年我国纯电动乘用车市场动力电池装车量前五名企业装车量及占比

注：数据来源于中国汽车动力电池产业创新联盟。

　　插电式混合动力乘用车市场电池配套企业数量仍然较少，比亚迪、宁德时代合计占据 88.3% 的市场份额，较 2021 年上升 2.6 个百分点（图 2.18）。

　　新能源客车方面，2022 年纯电动客车配套电池企业数量与 2021 年一致，共 16 家，宁德时代、亿纬锂能、比亚迪位居前三，市场份额占比为 94.2%（图 2.19）。

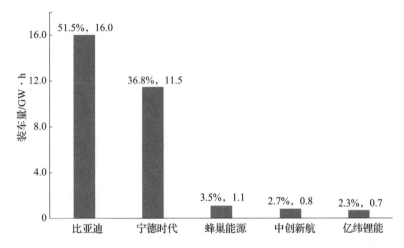

图 2.18　2022 年我国插电式混合动力乘用车市场动力电池装车量前五名企业装车量及占比

注：数据来源于中国汽车动力电池产业创新联盟。

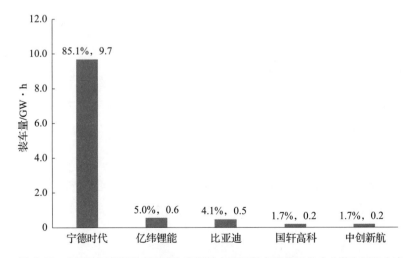

图 2.19　2022 年我国纯电动客车市场动力电池装车量前五名企业装车量及占比

注：数据来源于中国汽车动力电池产业创新联盟。

插电式混合动力客车配套电池企业数量仍然较少，银隆新能源、宁德时代、荣盛盟固利三家企业占据了 86.6% 的市场份额，其中，银隆新能源市场份额为 34.3%，超越宁德时代和荣盛盟固利，居市场首位（图 2.20）。

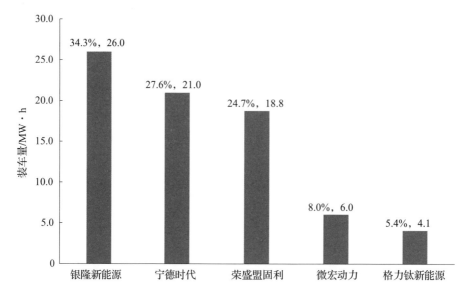

图 2.20　2022 年我国插电式混合动力客车市场动力电池装车量前五名企业装车量及占比

注：数据来源于中国汽车动力电池产业创新联盟。

新能源专用车方面，纯电动专用车领域，2022 年动力电池配套企业数量继续下降至 28 家，配套量前三名的企业分别为宁德时代、国轩高科和亿纬锂能，宁德时代占比 68.8%（图 2.21）。

插电式混合动力专用车领域市场规模仍然较小，2022 年共计 2916 辆，主要包括吉利商用车、山东汽车等汽车企业，配套电池企业共计 8 家，亿纬锂能居于首位，占比为 62.1%（图 2.22）。

3. 产业集群情况

从地域分布上来看，按非集团公司统计，2022 年在我国实现装车配套的动力电池企业共计 101 家[○]，主要分布在全国的 22 个省、市、自治区，尤以江

○　同一家电池企业在不同地域的公司分别计算。

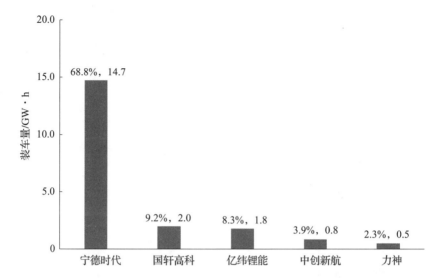

图 2.21　2022 年我国纯电动专用车市场动力电池配套企业装车量前五名企业装车量及占比

注：数据来源于中国汽车动力电池产业创新联盟。

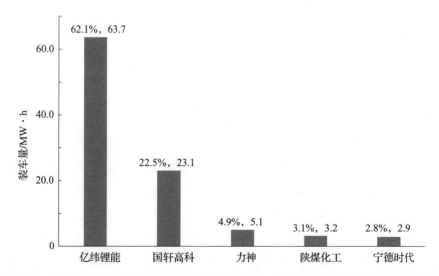

图 2.22　2022 年我国插电式混合动力专用车市场动力电池装车量前五名企业装车量及占比

注：数据来源于中国汽车动力电池产业创新联盟。

苏和广东数量最多，分别为 26 家和 14 家。从省份的出货量来看，福建出货量最大，为 85.5GW·h；其次是江苏，全年出货量为 71.1GW·h（图 2.23）。

江苏新能源汽车企业分布较多，考虑上下游的协同效应可降低成本，再加上政策的大力扶持，形成了产业链集群；东北和西北地区受地理位置、环境因素等影响，新能源汽车推广难度稍大，动力电池配套企业数量较少。

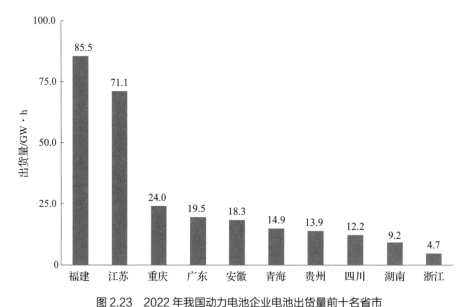

图2.23 2022年我国动力电池企业电池出货量前十名省市

注：数据来源于中国汽车动力电池产业创新联盟。

4. 产业投资分析

动力电池行业是投资密集型的成长性行业，需要企业持续进行产能扩张以构筑竞争壁垒。据电池网不完全统计，2022年动力电池及关键材料领域投资约为20354.8亿元（同比增加约71%）。从子行业看，电池板块投资额绝对值较高，2022年约为9054.6亿元，占投资总额的44.5%；正极材料及上游原材料仍为主要投资方向，2022年投资额达到5535.7亿元，占比27.2%。2022年负极材料、铜箔、铝箔、电解液、设备、电池结构件/隔膜投资占比分别为8.5%、8.2%、4.9%、3.9%和2.8%。

2022年，锂电产业链投资有五大关键词。1）扩产。动力、储能双领域的高景气度拉动电池需求高速增长，百亿元级项目频现，据电池网统计，有301个项目投资额在10亿元以上，项目数量占比超80%。2）抢矿。锂价处于高位，多家企业布局锂资源，以保证原料供应并降低成本。其中，龙蟠科技、赣锋锂业、中矿资源、永兴材料等多家公司斥巨资投建锂资源项目。3）一体化。产业链内企业有一体化发展趋势，上游原料企业向下延伸，下游电池企业与汽车企业向上布局，技术路线的融合也在提速。4）储能。储能行业高速发展，储能电池项目扩产迅速。5）合作。上下游企业以多种方式进行合作的趋势明显，上游企业以此保证出货，扩宽产业链；下游企业可以在此过程中保证原料供应，获取成本优势。

从投资主体看，如图2.24所示，补贴退坡降低了行业的回报率（图2.25），投资财务属性下降，产业投资逐渐成为主力，当前投资者主要为各细分子行业龙头企业和大的产业集团（房地产商、汽车企业等）。国际电池龙头企业稳步推进在华投资，LG新能源、三星SDI、SK on和松下等企业均提出了电池投资计划，布局我国后补贴时代。

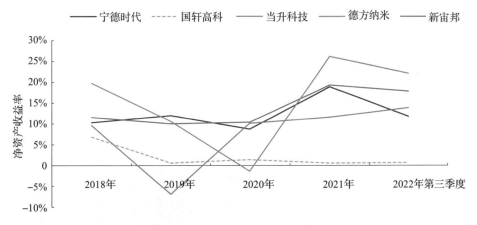

图2.24　2018—2022年第三季度我国行业典型公司的净资产收益率（ROE）水平

注：数据来源于各公司公告、华泰证券股份有限公司。

2017年7月—2022年12月我国动力电池各环节投资规模如图2.25所示，各环节扩产产能分析如图2.26所示。

为方便可比，根据1GW·h电池所需四大材料的数量，对各环节新增产能进行归一化分析。从新增归一化产能角度，2022年磷酸铁锂材料和电解液环节为扩产主力，分别占总扩产产能的38%和23%。

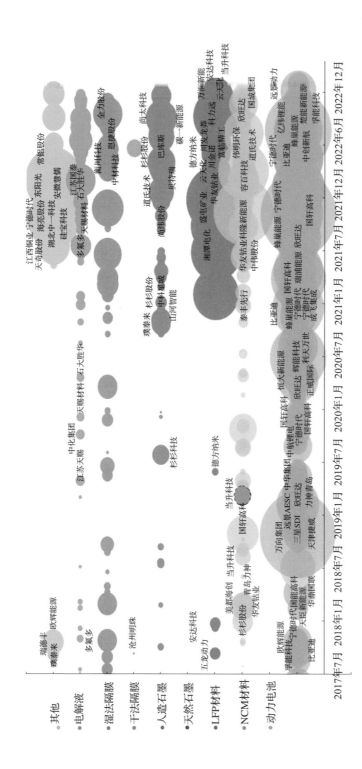

图2.25 2017年7月—2022年12月我国动力电池各环节投资规模

注：圆圈大小代表项目投资规模。对于未披露投资规模的项目，本图基于1GW·h动力电池投资4亿元估算，考虑到新投产产能以8系为主，单位GW·h所需要三元正极投资约4500万元，磷酸铁锂正极投资3200万元，人造石墨负极材料2400万元，电解液投资300万元，湿法隔膜投资780C万元。数据来源于各公司公告、第一电动网、鑫椤资讯、华泰证券股份有限公司。

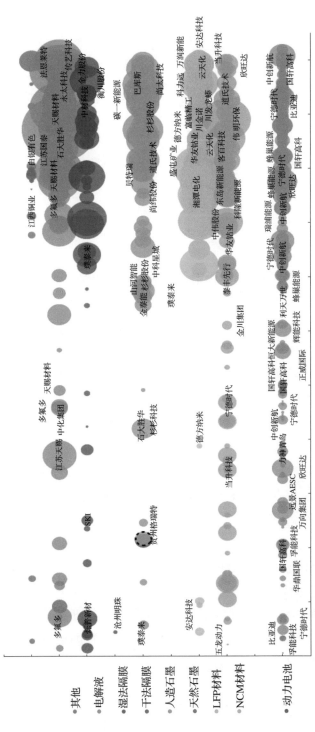

图 2.26 2017 年 7 月—2022 年 12 月我国各环节扩产产能分析

注：因扩产材料种类及线有差异，本图基于 1GW·h 动力电池分别对应三元材料 1700t、磷酸铁锂材料 2000t、负极材料 1100t、电解液 1000t、隔膜 1500 万 m² 的需求展开。数据来源：高工锂电，华泰证券股份有限公司。

二、2022 年中国动力电池产业运行特点

在新能源汽车产业发展的带动下，2022 年，我国动力电池产业实现爆发式增长，产业发展主要呈现以下特点：市场结构趋于稳定、技术水平不断提高、产业链体系日趋健全、全球竞争力持续提升。

一是技术创新能力不断提高。三元电池系统能量密度最大值从 2021 年的 206W·h/kg 提升至 212W·h/kg，磷酸铁锂电池系统能量密度最大值从 2021 年的 167.4W·h/kg 提升至 176.1W·h/kg。多家电池企业发布新品电池和技术，从电池材料、结构设计、工艺流程等多方面全方位提升电池的能量密度和安全性；固液混合态电池、低钴无钴电池等逐步实现量产验证，钠离子电池等新体系电池技术及产业链条正在形成。

二是产业生态体系日趋完善。我国已形成了动力电池正极材料、负极材料、电解液、隔膜等关键主材料完整的产业链条，正、负极材料的出货量占全球出货量的 70% 以上；动力电池关键装备国产化程度大幅度提升，国产化率达到 85% 以上，产业体系已基本健全；动力电池回收、梯次利用、材料再生的后市场产业链条也逐步完善；动力电池除在新能源汽车上应用外，2022 年在航天航空、储能领域也实现了一定的增长，应用端逐渐多元化，产业链健全，产业生态完整。

三是全球竞争力持续提升。2022 年，全球新能源汽车装车量共计 517.9GW·h[①]，全球装车量排名前十的企业中我国有六家，装车量达 312.7GW·h，市场份额占比共计 76.6%，其中，宁德时代和比亚迪市场份额分别为 37.0% 和 13.6%，位列第一和第二（其中比亚迪与 LG 新能源并列第二）；2022 年，国内企业共计出口动力电池 68.1GW·h，同比增长 164.2%（表 2.8），企业出口份额的持续增长体现了国内动力电池产品"走出去"的上升发展趋势，总体竞争优势显著。

动力电池产业在新能源汽车产业的持续带动下，已逐步形成产业链健全、产业生态完整、应用市场多元化的大产业，尽管 2022 年也面临原材料价格上涨等较大的发展挑战，但产业总体发展前景良好。

---

①　数据来源于 SNE Research。

表 2.8　2020—2022 年我国动力电池出口量及增长率

2020 年出口量	2021 年出口量	2022 年出口量	2022 年同比增长率
6.1GW·h	25.8GW·h	68.1GW·h	164.2%

注：根据中国汽车动力电池产业创新联盟不完全统计。

三、2023 年中国动力电池产业发展预测

市场规模方面，我国新能源汽车内生增长动力持续提升，适应终端需求的车辆产品层出不穷，在性价比不断提升的基础上，新能源汽车带来的新理念、新技术、新体验正逐渐提高市场认可度。政策激励将对产业发展起到持续推动作用。预计 2023 年我国动力电池市场规模将在新能源汽车市场的带动下持续稳定增长，全年装车需求将达 409.9GW·h，同比增长约 39.3%（表 2.9）。

表 2.9　2023 年我国动力电池装车量预测

车辆类型	级别	带电量 / 电池需求量	2022 年	2023 年（预测）
纯电动乘用车	微型车	带电量 /kW·h	20.62	21.00
		电池需求量 /GW·h	25.15	28.18
	小型车	带电量 /kW·h	45.50	47
		电池需求量 /GW·h	11.64	13.82
	紧凑型车	带电量 /kW·h	54.18	57
		电池需求量 /GW·h	44.78	61.25
	中型及大型车	带电量 /kW·h	73.73	75
		电池需求量 /GW·h	45.66	65.03
	SUV/MPV/其他	带电量 /kW·h	64.50	67
		电池需求量 /GW·h	102.86	149.59
	合计		230.09	317.87
插电式混合动力乘用车	紧凑型车	带电量 /kW·h	13.13	14
		电池需求量 /GW·h	3.75	5.19
	中型及大型车	带电量 /kW·h	19.63	20
		电池需求量 /GW·h	4.60	7.26
	SUV/MPV/其他	带电量 /kW·h	24.18	25
		电池需求量 /GW·h	22.81	36.55
	合计		31.15	49.00

（续）

车辆类型	级别	带电量／电池需求量	2022 年	2023 年（预测）
乘用车电池需求量合计 /GW·h			261.24	366.87
纯电动客车	—	带电量 /kW·h	213.94	215.00
	—	电池需求量 /GW·h	11.38	14.30
插电式混合动力客车	—	带电量 /kW·h	45.28	75.00
	—	电池需求量 /GW·h	0.08	0.20
纯电动物流运输车	—	带电量 /kW·h	70.37	75.00
	—	电池需求量 /GW·h	20.19	26.90
插电式混合动力物流运输车	—	带电量 /kW·h	35.20	35.00
	—	电池需求量 /GW·h	0.10	0.11
纯电动市政环卫车	—	带电量 /kW·h	184.92	190.00
	—	电池需求量 /GW·h	1.14	1.46
插电式混合动力市政环卫车	—	带电量 /kW·h	47.71	48.00
	—	电池需求量 /GW·h	0.00	0.00
纯电动其他专用车	—	带电量 /kW·h	45.20	50.00
	—	电池需求量 /GW·h	0.07	0.09
插电式混合动力其他专用车	—	带电量 /kW·h	29.90	30.00
	—	电池需求量 /GW·h	0.00	0.00
商用车电池需求量合计 /GW·h			32.96	43.08
动力电池需求量合计 /GW·h			294.2	409.9

注：数据来源于中国汽车动力电池产业创新联盟、华泰证券股份有限公司。

产品结构方面，2023 年我国动力电池市场仍将以三元电池和磷酸铁锂电池为主，两者市场份额或将维持 2022 年水平。2022 年，在 A00 级乘用车、比亚迪、磷酸铁锂电池版特斯拉 Model 3/Y 以及商用车的带动下，磷酸铁锂电池的出货占比稳步提升，反超三元后进一步扩大与三元电池装车量差距，2022 年磷酸铁锂电池总装车量为 183.8GW·h，占比 62.4 %；三元电池总装车量为 110.4 GW·h，占比 37.5 %（图 2.27）。预计 2023 年国内磷酸铁锂电池与三元电池装机量比例或维持在 6∶4 左右。

成本价格方面，2021 年，碳酸锂、硫酸钴、六氟磷酸锂等上游关键材料由于供需失衡引起价格不断上涨，电池企业成本压力较大（图 2.28）。2022 年以来，主要原材料价格均以不同节奏步入了下降通道，锂电池上游成本压力逐步缓解。2023年，产业在技术降本层面将加大投入力度，CTP和刀片电池等创新技术将加速普及，长期看新能源汽车采购电池成本有望继续下降。

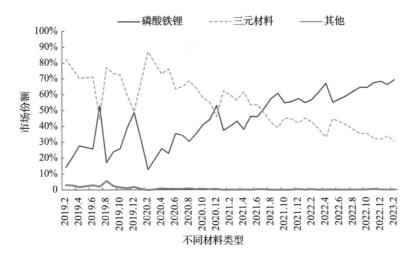

图2.27　2019年2月—2023年2月不同材料类型动力电池产品市场份额情况

注：数据来源于中国汽车动力电池产业创新联盟、华泰证券股份有限公司。

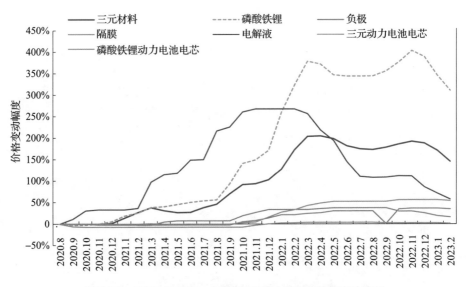

图2.28　2020年8月—2023年2月上游材料价格变动情况

注：数据来源于鑫椤锂电、华泰证券股份有限公司。

动力电池
氢燃料电池
2022——2023

中国汽车动力电池及
氢燃料电池产业
发展年度报告

2022—2023 年

第三部分
燃料电池篇

一、2022年燃料电池产业发展状况

中国新能源汽车市场经过多年发展，已在纯电动、插电式混合动力等领域构建起较为完善的市场及产业链基础，市场规模已经成为全球第一。面向未来，在能源转型的推动下，以清洁能源替代传统化石能源，实现能源的生产、运输、利用全链条绿色环保，是汽车产业发展所追求的重要目标之一。氢燃料电池作为下一代以绿色氢气为燃料、水为排放产物的新能源技术路线，未来将在以下因素的推动下进入发展加速通道。

碳达峰、碳中和目标的提出，推动上游高耗能行业及下游应用领域转型，氢能及氢燃料电池等清洁能源为终极目标。2022年3月，随着国家发展和改革委员会、国家能源局联合印发《氢能产业发展中长期规划（2021—2035年）》，为氢的能源属性确定基调后，全国约有20个省、自治区、直辖市发布了约300条氢能相关政策。

这些政策提出的背后，一方面有着国家对加速经济转型、保障国家能源安全和践行大国社会责任的诉求；另一方面体现着国家对于制造业转型升级的需求，从而驱动氢燃料等高端产业加速技术突破与自主掌控。

在贸易摩擦等国际关系变化以及国内《中国制造2025》等政策驱动下，制造业升级和解决"卡脖子"技术成为未来大势所趋。汽车制造业作为国内制造业的重要组成部分，必将充当制造业升级的排头兵。

目前我国氢燃料电池产业在不断发展，技术升级和自主掌握进程持续推进。我国在关键材料技术上已经取得较大突破，在催化剂、质子交换膜、膜电极等领域形成了有一定产能规模的生产线，具备了进一步国产化的基础，但核心材料的成本仍然偏高。因此，氢燃料产业链的升级势在必行。

（一）产业政策

1. 国外政策概况

世界主要发达国家和地区从国家或地区利益出发，已将氢能利用提升到战略高度，将之视为实现低碳能源结构和产业转型、抢占技术制高点的重要抓

手。日本、韩国、美国和欧盟等在氢能和燃料电池发展方面走在世界前列，定位于积极探索国家氢能发展，制定具体的激励政策，促进技术进步，引领产业发展。

日本政府在能源基本计划的修订中规定了"实现氢社会"，表达了推动向氢能社会过渡的国家政策的意愿。日本公布的《能源基本计划修改草案》中首次明确了"实现氢社会"，日本的"氢社会"在"路线图"中被作为"立法"级别，即进入执行阶段。2022 年 12 月，在日本举行第七次氢能政策小组委员会会议期间，日本经济产业省（METI）编制了一项安排计划：到 2030 年左右建立起日本氢能供应链系统，扩大氢气和氨气在日本国内的使用。据该计划内容，日本政府将对氢和氨与现有化石燃料之间的差价进行补贴，为期 15 年。同时，《能源白皮书 2022》提出将把当时在一般加氢站以 100 日元 /Nm³ ⊖ 出售的氢气供应成本降低到 2030 年的 30 日元 /Nm³ 和 2050 年的 20 日元 /Nm³ 以下。

韩国着力于发展氢能经济，能源安全、能源结构、经济发展状况等内外部环境与日本类似。近年来，韩国密集出台氢能相关政策追赶领先国家，在推动能源结构及产业结构转型、降低碳排放的同时，为韩国提供新的增长引擎。2022 年 11 月，韩国出台了《氢经济发展战略》，提出将扩大氢能公共汽车和货车的购买补贴，延长购置税、通行费减免等措施，创造氢能需求；到 2030 年将产生约 47 万亿韩元的经济连锁效应，创造出逾 9 万个就业岗位，温室气体减排量将达到 2800 万 t。

德国是欧洲区域内发展氢能源的领军者。德国国家氢能委员会发布了《德国氢行动计划 2021—2025》，分析了到 2030 年的氢经济增长预期，提出了包括低碳制氢在内的 80 项措施。同时，在《国家氢能战略》推出的措施中，大力支持相关科研是其中非常重要的一个方面，旨在解决氢经济的技术障碍，特别是降低大量生产和运输氢的成本。在氢的应用领域，德国将着力推动氢的国际合作网络，提出了欧洲联合氢项目倡议，计划与 22 个欧洲伙伴国家共同推动欧洲氢经济发展。

美国则将氢能视为实现能源独立的重要技术路线。2022 年 9 月，美国出台《美国国家清洁氢能战略和路线图（草案）》，指出到 2050 年清洁氢将贡

⊖ Nm³（标准立方米）指气体在标准条件下（0℃，101.325kPa）的体积。

献约 10% 的碳减排量，到 2030 年、2040 年和 2050 年美国清洁氢需求将分别达到 1000 万 t/ 年、2000 万 t/ 年和 5000 万 t/ 年，并且将清洁氢能的成本降低 80%，至 1 美元 /kg。

2. 国内政策一览

（1）上游基础设施为产业链保驾护航

在全球掀起的氢能战略规划中，我国同样出台了相应的支持政策。从中央到地方，政策不断叠加，政策框架不断完善，体系渐趋丰富。影响燃料电池汽车产业推广速度的两个因素之一的补贴政策已经在 2021 年 9 月开始落地推行，另一个影响因素是氢能供给及其基础设施，即氢气来源与加氢站建设。从国内外燃料电池产业发展的经验来看，推广氢燃料电池汽车，实现交通领域的低碳转型，离不开加氢站的规模化发展。

国家政策从加氢站技术领域、基础设施建设领域给予了非常大的支持。2022 年发布的《关于完善能源绿色低碳转型体制机制和政策措施的意见》和《促进绿色消费实施方案》都提到了推动加氢站建设的要求，加氢站已经和充换电站一起成为交通基础设施领域不可或缺的重要组成部分。《"十四五"能源领域科技创新规划》要求研制满足国际加氢协议的关键装备及零部件，建成加氢站示范工程。我国加氢站相关政策具体见表 3.1。

表 3.1 加氢站相关政策文件

文件名称	发布日期	内　容	领　域
《"十四五"能源领域科技创新规划》	2021 年 11 月	研制低预冷能耗、满足国际加氢协议的 70MPa 加氢机和高可靠性、低能耗的 45MPa/90MPa 压缩机等关键装备，开展加氢机和加氢站压缩机的性能评价、控制及寿命快速测试等技术研究，研制 35MPa/70MPa 加氢装备以及核心零部件，建成加氢站示范工程	加氢站技术领域
《氢能产业发展中长期规划（2021—2035 年）》	2022 年 3 月	到 2025 年，燃料电池车辆保有量约 5 万辆，部署建设一批加氢站。可再生能源制氢量达到 10 万 ~20 万 t/ 年	加强基础设施领域
《关于政协十三届全国委员会第四次会议第 2325 号提案的答复摘要》	2021 年 8 月	中央财政通过节能减排补助资金、中央财政科技计划（专项、基金等），对燃料电池汽车推广应用、充电（加氢）基础设施建设和使用、氢能技术研发予以支持	加氢站技术领域、加强基础设施领域

（续）

文件名称	发布日期	内　　容	领　　域
《关于完善能源绿色低碳转型体制机制和政策措施的意见》	2022 年2 月	完善充换电、加氢、加气站点布局及服务设施，探索输气管道掺氢输送	加强基础设施领域
《促进绿色消费实施方案》	2022 年1 月	大力推广新能源汽车，加强新型储能、加氢等配套基础设施建设，积极推进车船用液化天然气（LNG）发展。有序开展燃料电池汽车示范应用	加强基础设施领域

　　氢气来源方面，当下绿氢渗透率不高，所以氢气来源主要还是依靠工业副产氢或化石能源制氢，并且受制于运输成本，加氢站氢气基本都来源于本地。山西、陕西、内蒙古等传统化石能源丰富的地区有大量的副产氢，具备一定的天然优势。

　　2022 年之前，由于氢气还是作为危险化学品被监管，各地政府对于制氢与加氢站的建设都持谨慎态度，但是，中央顶层设计发布之后，部分地区政府，例如广东等地区，开始出台相关政策，逐步放松对制氢和加氢站建设的要求，允许在非化工园区制氢、建制氢加氢一体站（表 3.2）。此外，2022 年 12 月 14 日，中共中央、国务院印发了《扩大内需战略规划纲要（2022—2035 年）》，明确提出"推进汽车电动化、网联化、智能化，加强停车场、充电桩、换电站、加氢站等配套设施建设"。此外，河南等地还提出加氢站适当超前建设的政策。加氢站建设周期并不长，若政策进一步放松，其建设和投入运营也会加速。

表 3.2　允许非化工园区制氢的地区以及相关政策

地　　区	文　　件	发布时间	内　　容
广东	《广东省燃料电池汽车加氢站建设管理暂行办法》	2023 年6 月	从规划建设、经营许可、运营管理等方面落实了加氢站建设管理细则，同时该文件还明确了允许在非化工园区建设制氢加氢一体站
唐山	《唐山市燃料电池汽车加氢站建设管理暂行办法》	2022 年7 月	支持在非化工园区建立光伏制氢、风电制氢项目
山东	《2022 年"稳中求进"高质量发展政策清单（第二批）》	2022 年4 月	探索可再生能源制氢、制氢加氢一体站试点项目不在化工园区发展，且不受固定投资额不低于 3 亿元的限制

（续）

地 区	文 件	发布时间	内 容
武汉	《关于支持氢能产业发展的意见》	2022 年 3 月	积极高效利用工业副产氢，探索在非化工园区满足安全生产条件的区域开展能源型氢气制取项目
中国（上海）自由贸易试验区临港新片区	《中国（上海）自由贸易试验区临港新片区关于加快氢能和燃料电池汽车产业发展及示范应用的若干措施》	2021 年 11 月	探索在非化工园区现场制氢、制储加一体化加氢站及非固定式加氢站建设等领域改革创新

（2）中游突破核心技术加强产业基础

2020 年国务院办公厅发布的《新能源汽车产业发展规划（2021—2035年)》和 2022 年国家发展和改革委员会、国家能源局发布的《氢能产业发展中长期规划（2021—2035 年)》相继提出，要开展燃料电池关键核心技术研究，支持新型燃料电池技术发展，逐步建立燃料电池汽车与锂电池纯电动汽车互补的发展模式。

2020 年 9 月，五部门联合发布的《关于开展燃料电池汽车示范应用的通知》，明确 8 项核心部件（电池堆、氢气循环系统、空气压缩机、膜电极、双极板、催化剂、碳纸、交换膜）作为技术突破重点，要求示范城市群在第 1—4 年度实现至少 2 项、4 项、5 项、7 项的本土化突破落地。

（3）下游推动燃料电池整车示范应用

2020 年 9 月，工业和信息化部等五部门联合发布《关于开展燃料电池汽车示范应用的通知》，提出通过"以奖代补"方式对示范城市群给予奖励。2021 年 8 月，财政部等五部门正式印发《关于启动燃料电池汽车示范应用工作的通知》，同意在北京、上海、广东三省市启动燃料电池汽车示范应用工作，示范周期为 4 年（2021 年 8 月—2025 年 8 月）。

目前氢燃料电池汽车国家补贴政策全面落地，河南、河北两大城市群相继获批，赶上了 2022 年首年示范期，"3+2"的全国燃料电池汽车示范格局正式形成。全国 5 个燃料电池汽车示范应用城市群共涵盖 47 座城市，跨地域开展氢燃料电池汽车推广。

随着城市群的示范工作开展，工业和信息化部发布的 1~6 批《新能源汽车推广应用推荐车型目录》中，共新增了 34 家汽车企业的 96 款燃料电池汽车产品，同比增长 41.2%，续驶里程范围从 201km 到 894km。汽车企业与燃料电池企业的新面孔均在增加。在该推荐目录中，有 7 家汽车企业、12 家氢燃料电池企业首次上榜。

（二）市场概况

1. 全球市场销量整体稳步提升

截至 2022 年年底，全球主要国家燃料电池汽车总保有量达到 79289 辆，同比增长 36.3%。其中，韩国燃料电池汽车保有量达到 31077 辆，成为全球首个燃料电池汽车保有量达到 3 万辆的国家。中国燃料电池汽车保有量达到 16225 辆，已经超过美国、日本。美国、日本及德国保有量分别为 14979 辆、14873 辆和 2135 辆，如图 3.1 所示。

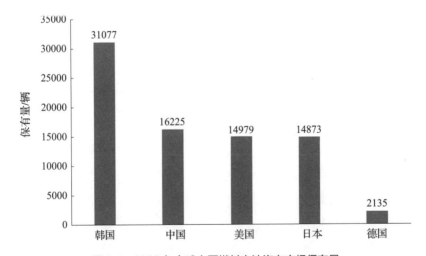

图 3.1　2022 年全球主要燃料电池汽车市场保有量

注：数据来源于中国汽车动力电池产业创新联盟燃料电池分会。

2022 年全球主要燃料电池汽车市场中，韩国、中国、美国、日本和德国五个国家销量共计约 17921 辆，较 2021 年同比增长约 14%。

分别从各主要国家来看，韩国本土市场燃料电池汽车销量突破万辆，达到 10164 辆，同比增长 19.6%（图 3.2）。其中，现代 NEXO 销量 9718 辆，占韩国本土市场 95% 的份额。从车型来看，现代 NEXO 销量也一直居于全球领先地位，与其本土销售的成功密不可分，截至 2022 年年底，全球总销量达到

32416 辆，其中本土销量 28927 辆，2022 年全球销量高达 10079 辆，约占当年市场全部车型的 59%，较 2021 年同期增长约 23%。现代 NEXO 除在本土销售之外，还出口至美国、德国等国家或地区，在各国销量也基本居于榜首。

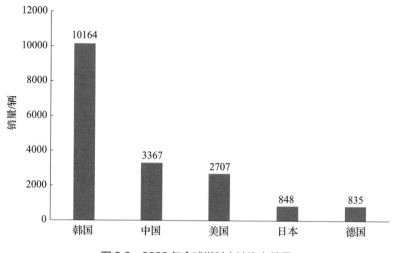

图 3.2　2022 年全球燃料电池汽车销量

注：数据来源于中国汽车动力电池产业创新联盟燃料电池分会。

2022 年美国本土市场累计销售了 2707 辆氢燃料电池汽车，相比 2021 年的 3341 辆，同比下滑 19%。在过去的 11 年中，美国总共销售了近 15000 辆氢燃料电池汽车（乘用车），其中包括 11000 余辆丰田 MIRAI 氢燃料电池汽车。这意味着丰田的氢燃料电池乘用车在美国拥有超过 70% 的市场占有率。目前，美国氢燃料电池汽车销售主要集中在加州地区，主要原因为当地在 20 世纪末就出台了严苛的能源排放法规，促进了可再生能源的发展，也使其成为全球氢燃料电池汽车的必争之地。

日本本土市场 2022 年氢燃料电池汽车销量为 848 辆（丰田 MIRAI），与 2021 年相比呈疲软态势，同比下降 65.3%。从车型来看，截至 2022 年年底，丰田 MIRAI 全球总销量已经达到 21864 辆，其中本土销量为 7466 辆，也就是说，与现代 NEXO 相反，丰田 MIRAI 主要销路不是在本土，而是出口到国外。2022 年，丰田 MIRAI 的全球销量有所减少，销售了 3924 辆，同比下降 33.7%。

德国 2022 年氢燃料电池汽车销量为 835 辆，相较 2021 年的 457 辆同比增长 82.7%。虽然以德国为代表的欧洲市场销量相对较低，但是也在稳步增长。

2. 国内市场翻番，商用快速发展

（1）2022 年销量翻番，达到历史高点

随着我国政策的不断完善及产业发展，氢燃料电池汽车销量正实现高速增长。2019 年我国发布的《中国氢能源及燃料电池产业白皮书》将氢产业链和氢燃料电池产业链带入了高阶发展阶段。因此，2019 年销量达到当时的高点。2021 年、2022 年，示范城市的工作逐步有序开展，2022 年销量再度翻番达到了最高峰。2021 年，我国燃料电池汽车销售了 2725 辆，2022 年完成销售5497 辆，同比大幅增长 101.7%，甚至比起近年来销量最高的 2019 年也增长了 81.9%（图 3.3）。目前我国总燃料电池汽车保有量为 16225 辆，也是全球最大的燃料电池商用车市场。

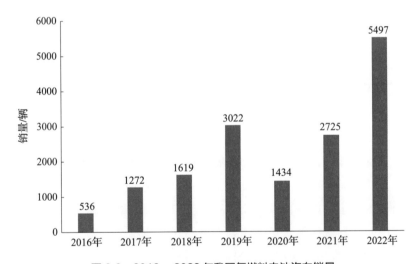

图 3.3 2016—2022 年我国氢燃料电池汽车销量

注：数据来源于中国汽车动力电池产业创新联盟燃料电池分会。

从 2022 年月度销量来看，上半年 1 月到 5 月的销量较少，6 月销售达到797 辆才打破僵局，环比增长 160.5%，同比增长 190%。第三季度单月销量相比 6 月数据有所下滑，11 月与 6 月数据持平，12 月接 11 月继续增长，销量达到年度最高。11 月、12 月销量分别为 788 辆和 1279 辆，同比增长分别为178% 和 230.4%，环比增长分别为 123.9% 和 62.3%（图 3.4）。

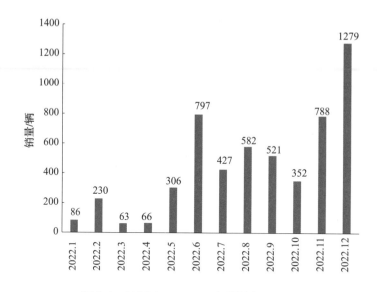

图3.4 2022年1—12月氢燃料电池汽车销量

注：数据来源于中国汽车动力电池产业创新联盟燃料电池分会。

出现以上情况的主要原因如下。

第一，2022年上半年1—5月汽车企业受疫情影响耽误了燃料电池汽车的订单交付。6月情况好转，汽车企业生产经营活动基本恢复正常，各种市场推广宣传活动也顺利展开，对促进燃料电池汽车市场的恢复性增长利好。

第二，各地都出台了大量鼓励发展氢能产业的新政策，截至2022年12月，我国已有25个省市自治区共计发布了氢能产业专项政策337项，例如上海、河南、山西、辽宁、内蒙古、四川、湖北、宁夏、安徽、湖南、北京等相继发布了氢能产业规划或扶持政策，明确支持燃料电池汽车发展，目标清晰，对促进12月燃料电池汽车市场推广有绝对利好。

（2）货车是氢燃料电池汽车市场应用主体

从2022年车型销量来看，货车销售为3717辆，市场占比接近68%，属于垄断地位（图3.5）。其中，半挂牵引车、冷藏车和自卸汽车位于货车销量前三位，分别销售1315辆、889辆和532辆。半挂牵引车销量占总市场比例的35.4%，在整个货车分类中占据绝对主导地位。这主要是因为燃料电池在重载、中长途运行的重型货车牵引车领域能极大地发挥其优势，在牵引车、自卸货车领域应用场景最多。燃料电池冷藏车主要应用于城际冷冻食品、水产品、疫苗等货物的运输，冷藏车、厢式运输车一直都是中国物流链的重要组成部分，此类车辆在货运场景中应用最多。

（3）五大城市群推广呈现加速趋势

示范城市群启动第一年，燃料电池汽车推广被行业寄予厚望，国内燃料电池汽车销量呈现总体加速上升的趋势。随着 2022 年 6 月各地疫情缓解，示范城市群第一年推广也进入

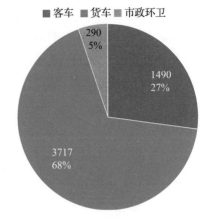

图 3.5　燃料电池具体车型销量占比

注：数据来源于中国汽车动力电池产业创新联盟燃料电池分会。

收尾阶段。根据线上公共资料整理，2022 年，五大城市群推广应用车辆共计 3662 辆，成为国内燃料电池汽车推广的主要地区，占比近 73.1%。具体推广情况如图 3.6 所示。

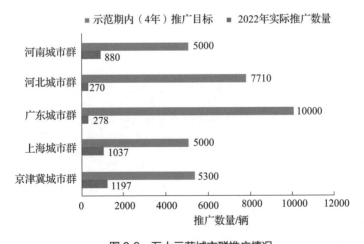

图 3.6　五大示范城市群推广情况

注：数据来源于中国汽车动力电池产业创新联盟燃料电池分会。

京津冀示范城市群燃料电池汽车应用场景区域包含北京、天津、保定、唐山、滨州及淄博共 6 个城市（区），四年示范期推广目标为 5300 辆，首年推

广目标为 1162 辆。2022 年推广数量为 1197 辆，主要是由于北京 2022 年示范政策发布早，各项补贴政策具体明晰，且借助召开冬奥会的机会快速完善了加氢站等基础配套设施。同时，汽车企业及燃料电池汽车各产业链快速响应，燃料电池汽车推广相对最好。

上海示范城市群燃料电池汽车应用场景区域包含上海、嘉兴、苏州、南通、鄂尔多斯、淄博、宁东化工基地 7 个城市（地区），四年示范期推广目标为 5000 辆，其中首年推广目标是 1000 辆。2022 年，上海示范城市群已实际完成上牌销售超过 1037 辆，完成首年推广任务的 104%。鄂尔多斯、嘉兴完成较好，其次是苏州。

河南示范城市群燃料电池汽车应用场景区域包含郑州、开封、安阳、焦作、新乡、洛阳、上海三区、烟台、淄博、潍坊、张家口、保定等 15 个城市（地区），首年推广目标为 1400 辆。2022 年，河南示范城市群实现超过 880 辆燃料电池汽车上牌，在五大示范城市群中居第三名，属于中等水平。

广东示范城市群燃料电池汽车应用场景区域包含佛山、广州、深圳、东莞、珠海、云浮、阳江、中山、六安、福州、包头等 12 个城市，首年推广目标为 1270 辆。广东示范城市群实际仅完成 278 辆燃料电池汽车的上牌，第一年度的任务完成率只有 22%。主要是由于前期广东城市群推广燃料电池汽车的补贴政策不明确，很多地区都处在等待和观望当中。2022 年 8 月中旬，广东省发布《广东省加快建设燃料电池汽车示范城市群行动计划（2022—2025 年）》，自此，广东城市群在燃料电池汽车示范应用方面有了比较明确的补贴政策。

河北示范城市群由张家口牵头，联合河北省唐山市、保定市、邯郸市、秦皇岛市、定州市、辛集市、雄安新区，内蒙古自治区乌海市，上海市奉贤区，河南省郑州市，山东省淄博市、聊城市，福建省厦门市等 14 个城市（区）组成。四年示范期内，河北省城市群将推广各类型燃料电池汽车 7710 辆，首年推广目标为 650 辆。河北示范城市群实际上牌销售燃料电池汽车为 270 辆，年度实际指标完成率为 42%。

（4）加氢站的普及大力推动氢燃料电池汽车产业商业化

加氢站的普及建设程度是影响氢燃料电池汽车产业发展的重要因素之一。

推动氢能的使用和氢燃料电池汽车产业的商业化离不开加氢站的大规模建设。作为氢燃料电池汽车产业的关键环节，加氢站对于氢燃料电池汽车的重要性类似加油站之于传统燃油汽车、充电站之于纯电动汽车，加氢站是支撑氢燃料电池汽车产业发展必不可少的基石。如图 3.7 所示，随着节能减排的持续推进和氢能产业的发展，中国加氢站建设步伐逐步加快，预计到 2025 年和 2035 年，中国加氢站数量将分别达到 1000 座和 5000 座。

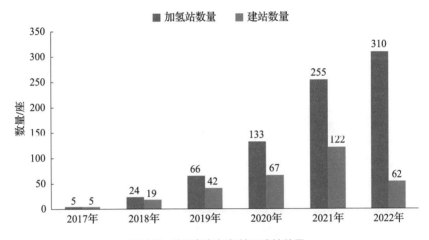

图 3.7 我国每年加氢站及建站数量

注：数据来源于中国汽车动力电池产业创新联盟燃料电池分会。

2022 年，我国加氢站共建成投入运营 310 座，从建站年份来看，2021 年国内建成加氢站 122 座，为历年来建站数量最多的年份，主要原因是受到 2021 年中石化发布的"百站计划"、示范城市群政策即将落地、北京冬奥会氢能应用等利好因素影响，建站速度提升明显。2022 年，国内建成加氢站数量为 62 座，建站速度较 2021 年明显放缓。

如图 3.8 所示，按省份看，广东、山东、江苏分别以 51 座、29 座、26 座位列前三，排名前十的省份加氢站累计达到 215 座。从各省市建站总加注能力来看，前三名分别是广东、山东和上海。加氢站的建设分布以及运营情况与各地方的氢源分布、氢能企业技术实力、地方财政实力、政策支持等是紧密相关的，珠三角、长三角、京津冀、环渤海等区域的氢能产业发展集聚程度相对较高。

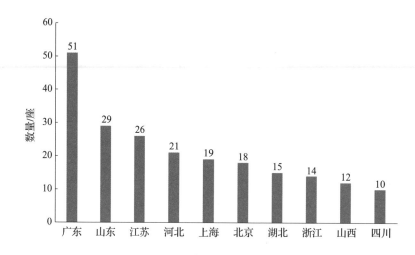

图3.8 排名前十的省市加氢站数量

注：数据来源于中国汽车动力电池产业创新联盟燃料电池分会。

加氢站是氢能产业商业化发展的重要基础设施，其布局和数量决定了氢能产业终端应用的未来发展规模和渗透程度。加氢站是联系产业链上游制氢和下游应用的重要枢纽，高密度的加氢站建设是氢燃料汽车大规模推广的必备条件。目前已有许多企业积极参与到加氢站建设中。随着补贴政策的持续推进以及产业下游需求的不断扩大，我国加氢站建设和运营数量将会持续增长，同时，随着未来研发技术以及加氢设备的国产化突破与规模化生产，加氢站建设成本将大幅下降，将进一步提升加氢站产业规模，同时也会进一步推进燃料电池汽车的产业化。

（三）技术状况

1．氢燃料电池系统部分技术与国际先进水平基本持平

目前我国燃料电池系统技术已经与国际水平持平，在运行寿命、冷启动及阳极反应压力控制方面均处于国际领先水平。我国燃料电池系统开发以提高经济性和耐久性为目标，从而实现产品的低使用成本、高可靠性和高性能；以平台化和模块化为设计原则，从而实现产品的快速迭代以及高度集成化设计。

经过我国一系列政策扶持和补贴支持研发，各大龙头企业联合高校、机构共同研发，通过"产学研用"协同攻关，从长寿命高效率、环境适应性等方面

突破了一系列技术难题，形成了商用车燃料电池操作条件优化原创核心技术体系，并实现批量应用。

在耐久性、高效率方面：基于组分压差曲线图的阳极组分及浓度在线估计方法，以及基于排氢阀开闭的组分浓度控制技术，突破了阳极气体组分精确控制难题；发明了阳极侧实时氢喷装置及模糊比例积分（PI）前向补偿氢压控制策略，实现了阳极反应压力高精度控制；通过自适应燃料电池空气系统双闭环控制策略，外环滑模控制氧气过量系数，内环自扰抗反向解耦控制压力，攻克了阴极进气压力和流量精确控制难题。目前我国技术先进企业已经实现了5300h 台架耐久测试系统性能衰减率低于 4% 的突破。

在低温冷启动方面：基于模型的燃料电池阻抗及内部状态分析方法，创新了基于时频分析的燃料电池阻抗测量系统，突破了内部状态精确识别的难题；基于气体压降及高频阻抗两阶段反馈的低温吹扫控制策略，避免长时间吹扫造成的电池堆膜干湿交变损伤；基于阻抗反馈的浓差极化动态跟随低温启动策略，突破了深度浓度极化电极损伤与欧姆极化发热不足的矛盾。目前我国已实现石墨板燃料电池系统 –35℃可靠启动，且 –30℃低温启动衰减率低于0.016%/ 次。

在经济性方面：基于云平台的燃料电池系统特征数据提取和远程在线刷新和燃料电池系统寿命衰减迭代优化控制方法，在兼顾长寿命的同时，规避了过多高载运行带来的低效率，实车运行时电压衰减情况明显改善。目前我国燃料电池系统在经济性方面已经达到领先水平。在兼顾长寿命的同时，目前系统常用效率达到 51%，额定效率达到 45%，额定功率达到 220kW，寿命不少于25000h。预计到 2025 年将实现额定功率不小于 300kW、效率不小于 50%、最高效率不小于 64%、常用功率范围效率不小于 56%、寿命不少于 30000h，具体见表 3.3。

表 3.3　国内外燃料电池系统技术指标对比

指标名称	单位	国内指标	国际指标
额定功率	kW	130	80
低温启动温度	℃	–30	–30
系统质量功率密度	W/kg	700	480
系统体积功率密度	W/L	722	592

（续）

指标名称	单位	国内指标	国际指标
寿命	h	25000	10000
系统额定效率	—	46%	—
振动等级	—	合规	—
防护等级	—	IP67	—

2. 国内加大投入研发燃料电池核心零部件

（1）电池堆

在电池堆技术路线方面，石墨板电池堆和金属板电池堆研发并行发展；在应用层面，石墨板电池堆在国内应用占据绝对主流。石墨板电池堆因为具备耐腐蚀、长寿命的优点，当前应用场景主要集中于商用车中，因此，石墨板电池堆在下游应用占据绝对份额；金属板电池堆体积功率密度高，启动快，但因为其在燃料电池弱酸环境下寿命相对较短，所以更加适合于乘用车。

目前国外可以单独供应车用燃料电池堆的知名企业主要有加拿大的巴拉德（Ballard）和 Hydrogenics，欧洲和美国正在运营的燃料电池公交车绝大多数采用这两家公司的石墨板电池堆产品，已经经过了数千万千米、数百万小时的实车运营考验，这两家加拿大电池堆企业都已经具备了一定产能。

我国近年来加大投入与自主研发力度，产品在性能方面逐步接近国外产品。目前，国内自主研发电池堆的厂商代表有上海韵量、上汽捷氢、新源动力、神力科技等。我国已针对车用燃料电池堆高性能、高耐久的需求，开展电池堆设计与建模仿真研究，优化电池堆结构设计，最大限度降低介质流通阻力和结构质量，优选高性能材料，采用非对称膜电极工艺提高输出比活性；研究匹配不同种类阴、阳极气体扩散层以及质子交换膜等关键材料，对发电过程中气体传质与质子传导损失的影响，指导优化匹配与关键材料设计，降低传质极化损失和欧姆极化损失。我国在燃料电池堆性能指标方面已经部分领先国外，如堆芯体积功率密度和质量功率密度、综合抗反极时长等，具体见表3.4。

（2）双极板

电池堆对双极板的要求极为苛刻：在功能方面，要求双极板材料是电与热的良导体，具有一定的强度以及气体致密性等；在稳定性方面，要求双极板在燃料电池酸性和湿热环境下具有耐腐蚀性和无污染性；在产品化方面，要求双极板材料易加工成型、成本低。这对双极板的材料、制造装备和生产工艺、量产生产线提出了苛刻的要求。双极板在燃料电池堆结构中的位置如图3.9所示。

表3.4　国内外同类电池堆技术指标比较

指标名称	国内指标	国际指标
耐久性	25000h	25000h
冷启动温度	−30℃	−30℃
体积功率密度	3.5kW/L	3.1kW/L
质量功率密度	2.5kW/kg	2.0kW/kg
最大工作气体压力（绝对压力）	250~280kPa	250kPa
综合抗反极时长	180min	90min

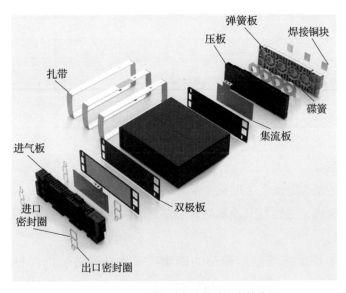

图3.9　双极板在燃料电池堆结构中的位置

根据材料不同，双极板可以分石墨双极板、金属双极板、复合双极板三类。我国近三年加大自主研发投入，双极板性能取得了较大进展，但在量产关键技术、专用装备等方面仍有一定差距，见表3.5。欧美国家在双极板拥有技术和装备优势。国外第一梯队复合材料双极板供应商主要包括美国的 Graftech、步高（POCO）、TreadStone，德国的西门子（SIEMENS）、格雷伯（Grabener），英国的 Bac2，瑞典的 Cell Impact 和日本的日清纺（Nisshinbo）等。

上海韵量、神力科技等是国内复合石墨双极板电池堆的主要制造商。目前，我国氢燃料电池主要应用场景包括商用车、发电和储能等领域。商用车的高频次使用工况、发电与储能 80000h 的长寿命需求，对双极板耐久性的要求极高。复合石墨双极板由于材料稳定，更适合在这些领域应用。加拿大巴拉德公司的 Mark9 电池堆采用复合石墨双极板方案，成功实现了长寿命。复合石墨双极板已成为国内商用车燃料电池与发电用燃料电池应用的主流技术方向。国内外同类双极板技术指标比较见表 3.5。

表 3.5　国内外同类双极板技术指标比较

指标名称	单位	我国指标	国际指标
电导率	S/cm	> 100	> 100
抗弯强度	MPa	≥ 35	> 50
腐蚀电流	$\mu A/cm^2$	< 1	< 1
厚度	（mm）	≤ 1.5	< 2.0
透气率（2bar[①]）	mL/（$cm^2 \cdot s$）	≤ 1×10^{-8}	≤ 2×10^{-8}
寿命	h	≥ 25000	≥ 20000
接触电阻	$m\Omega \cdot cm^2$	6	6

①　$1bar=10^5Pa$。

（3）膜电极

膜电极是燃料电池发生电化学反应的场所，由质子交换膜、催化剂与气体扩散层结合而成，是燃料电池堆的核心部件，对电池堆的性能、寿命和成本具有关键性影响。

目前，生产膜电极的厂商分为两类：一类是具备膜电极批量产业化能力、能够自给自足的汽车企业或燃料电池厂商，以丰田、巴拉德为代表；另外一类是专业的膜电极供应商，包括戈尔（Gore）、Johnson Matthey、东丽（TORAY）、Greenerity 公司，以及国内的鸿基创能科技（广州）有限公司、苏州擎动动力科技有限公司、武汉理工氢电科技有限公司。

国产膜电极在关键技术指标方面已接近国际先进水平（表 3.6），成本较进口产品大幅优化，带动产业链成本下行。但是在专业技术特性、产品实现能力、批量化生产工艺方面还有一定差距。目前国内领先膜电极企业，例如鸿基创能、武汉理工新能源、擎动科技的膜电极产品功率密度均超过 1W/cm²，测试使用寿命达到 12 万 h，已基本满足产业化应用需求。

表3.6 国内外同类膜电极技术指标比较

指标名称	单位	国内主流技术指标	国外主流技术指标
铂载量	g/kW	0.25~0.4	0.2~0.3
功率密度	W/cm²	1.0~1.4	1.4~1.5
乘用车使用寿命	h	20000	5000

（4）质子交换膜

质子交换膜是国内车用燃料电池的核心部件，对电池的性能起关键作用。它具有传递质子和分离阴阳两极气体的双重功能，其性能直接影响燃料电池的稳定性和耐久性。因此，质子交换膜需要有高质子传导率和良好的化学与机械稳定性。

目前质子交换膜市场的主要参与者为国外企业。市面上销售的质子交换膜主要是全氟磺酸质子交换膜，包括美国戈尔（Gore）公司的 SELECT 系列、杜邦（Du Pont）公司的 Nafion 系列、加拿大巴拉德（Ballard）公司的 BAM 膜等。

国内产品的一些技术指标已经接近国外甚至优于国外产品，但是仍然不能进行量产。我国的东岳集团、泛亚微透、武汉绿动等企业正在提升规模化生产能力。2004 年，东岳集团联合上海交通大学研发出质子交换膜，经日本丰田公司和德国 FuMA-Tech 公司分别检测，东岳集团生产的质子交换膜性能出色，不逊于同类产品。目前，东岳 DF260 膜厚度达到 10μm，在开路电压（OCV）情况下耐久性大于 600h；膜运行时间达到 6000h；在干湿循环和机械稳定性方面，循环次数都超过 2 万次。质子交换膜国内外同类技术指标比较见表 3.7。

表3.7 质子交换膜国内外同类技术指标比较

指标名称	单位	国内主流技术指标	国外主流技术指标
厚度	μm	8~20	8~18
离子交换容量（IEC）	meq/g	1.0~1.42	1.1~1.38
电导率（80℃，60%RH）	S/cm	≥ 60	≥ 60

（5）催化剂

催化剂也是燃料电池的关键材料之一，其作用是降低反应的活化能，促进氢、氧在电极上的氧化还原过程，提高反应速率。在催化剂领域，国外企业处于领先地位，已经能够实现批量化生产，而且性能稳定，铂载量约在 0.2g/kW。英国 Johnson Matthey 和日本田中是全球铂催化剂巨头。

国内仍在小规模量产阶段，代表性企业有上海济平新能源。济平新能源目前拥有完全自主知识产权的全国首条"全自动化燃料电池催化剂生产线"，在催化剂生产过程中最大化降低人工干预，保证产品一致性，单条生产线年产量 2t。高校、机构研究以中国科学院大连化学物理研究所、清华大学、北京大学等为主，其中，清华大学与武汉喜玛拉雅光电科技股份有限公司开展校企深度合作，目前，武汉喜玛拉雅光电科技的催化剂产能达到 1200g/ 天。催化剂国内外同类技术指标比较见表 3.8。

表 3.8　催化剂国内外同类技术指标比较

指标名称	单　位	国内主流技术指标	国外主流技术指标
催化剂材料	—	Pt/C	PtCo 合金 /C
电化学比表面积	m^2/g	40~70	50~70
质量比活性	A/mg	0.1	0.4
膜电极中载量	mg/cm^2	0.3~0.4	0.2~0.3
膜电极中催化剂耐久性	h	4000	＞ 5000

（6）碳纸

碳纸是燃料电池中膜电极组与双极板之间的气体扩散层，它能够引导气体从石墨板的导流沟槽到触媒层，顺利把反应产生物——水排除于触媒层之外，避免淹水问题；同时也是电流的传导器，在燃料电池反应时具有散热功能。将碳纤维做成碳纸的过程是核心难点之一，需满足材料多孔可控、导热及导电性优良、具备一定的机械强度、憎水性强以及高度防腐蚀等多重性能要求。

国际市场上的几大碳纸厂商包括美国 AvCarb、日本东丽、德国西格里（SGL）等。东丽和 SGL 的产品价值链始于自己生产的碳纤维碳纸，一直到微孔层（MPL）涂布，具备深厚的基础碳材料开发和规模化生产能力，是国际气体扩散层市场的龙头企业。

近年来，国内企业正在加速研发突破，逐步由试验阶段迈入小规模生产阶段，主要企业有金博股份、上海嘉资、上海河森电气等。其中，上海嘉资透露其碳纸/气体扩散层年产量为 40 万 m²，预计 2023 年还将实现产能扩张；上海河森电气已有气体扩散层主要原材料的批量碳纸产品，产能超 1000 m²/月。碳纸国内外同类技术指标比较见表 3.9。

表 3.9　碳纸国内外同类技术指标比较

指标名称	单　　位	国内目标技术指标	国外主流技术指标
厚度	mm	0.08~0.15	0.18~0.3
密度	g/cm³	0.3~0.45	0.3~0.45

（7）空气压缩机

车用燃料电池空气压缩机要求高速、无油，技术难题有高速轴承及高速转子动力学匹配技术、系统减振降噪及可靠性提升技术。空气压缩机在欧美地区使用历史悠久，行业技术发展较为成熟，市场竞争较为充分，欧美地区是小型空气压缩机的主要消费市场。国内随着燃料电池汽车行业的快速发展，研发空气压缩机的速度正在飞速提升，2022 年，国内的空气压缩机专利申请量占全球总申请量的 74%。国内空气压缩机的代表企业有势加透博、东德实业、动力源等。空气压缩机国内外同类技术指标比较见表 3.10。

表 3.10　空气压缩机国内外同类技术指标比较

指标名称	单　　位	我国指标	国际指标
压比	bar	2.3~2.5	2.5~2.8
转速	r/min	80000~120000	20000~100000
噪声	dB	＜ 80	＜ 78

（8）氢气循环系统

氢气循环系统可以实现氢气存储，将未反应完全的氢气循环输送至电池堆阳极，向电池堆提供合适的压力、流量和湿度的氢气。它被誉为燃料电池的"起搏器"，发挥着提高燃料利用率、优化水管理能力和提升氢安全性能等重要作用。现阶段氢气循环产品主要有氢气循环泵、氢气引射器等。

目前国内主要使用氢气循环泵和引射器及其组合。氢气循环泵相较引射器成本更高，效果更佳，属于主动循环。随着整体技术的进步，国产化持续推进，氢气循环泵成本下降，市场占比持续升高，截至2022年年底，我国氢气循环泵占比已达95%。国内企业主要有上海重塑、苏州瑞驱、东德实业等。氢气循环系统国内外同类技术指标比较见表3.11。

表3.11 氢气循环系统国内外同类技术指标比较

指标名称	单位	国内主流技术指标	国外主流技术指标
最大压力	bar	0.4	0.4
最大流量	m³/h	40	36
额定功率	kW	0.8	0.6
平均输入/输出噪声	dB	75	75
最大工作压力	MPa	0.3	0.3
寿命	h	5000	7000
工作温度	℃	90	90

3. 储氢技术

（1）我国车载储氢技术仍以高压气态储氢为主

车载储氢系统是燃料电池汽车的重要组成部分，包括高压储氢瓶、集成瓶阀、加注口、单向阀、过滤器、减压阀、高压与低压压力传感器、氢气管路等零部件，其主要功能是为燃料电池系统提供具有稳定压力和流量的氢气。主要储氢方式有三种：气态储氢、液态储氢和固态储氢。气态储氢是目前主流的储氢方式，其最大的优点是使用方便、储存要求条件易满足、成本低。

国内商用车主要采用35MPa Ⅲ型储氢瓶，乘用车主要采用70MPa Ⅲ型储氢瓶，70MPa Ⅳ型储氢瓶正在研究当中，主要技术指标对比见表3.12。车载储氢的技术难题主要是提高储氢密度。根据规划，高压车载储氢系统技术路线图以2020年、2025年及2030年为三个关键时间节点，以常温高压容器储氢为主要技术路线，以35MPa高压容器储氢为近期应用方案，70MPa高压容器储氢、液氢储氢为中远期应用方案，支持氢燃料电池汽车产业化应用。最终目标要求车载质量储氢密度应达到7.5%、体积储氢密度达到70kg/m³。

从产业化进展来看，Ⅲ型储氢瓶的产品技术已相当成熟，成本在可控范围内。Ⅳ型储氢瓶由于具有轻量化、高压力、高储氢质量比和长寿命等优点，是企业下一步的发展重点。中材科技、中集、天海工业、佛吉亚斯林达、龙蟠科技、未势能源等企业均已开发出Ⅳ型储氢瓶产品。

此外，由于下游应用市场体量更大，氢燃料电池汽车示范带来的市场需求明显增加，车载储氢瓶领域的市场竞争相较站用领域更加激烈，除了争相实现Ⅳ型储氢瓶的技术突破，储氢瓶产业链投资、扩产发展也在同步提速。

表3.12　国内外储氢瓶性能参数对照

关键零部件	项目名称	单　　位	我国指标	国际指标
35MPa Ⅲ型车载储氢瓶	容积	L	140	150
	质量	kg	72	71.5
	质量储氢密度	wt%	4.4	4.3
70MPa Ⅲ型车载储氢瓶	容积	L	62	130
	质量	kg	62	140
	质量储氢密度	wt%	3.8	3.4
70MPa Ⅳ型车载储氢瓶	容积	L	—	60
	质量	kg	—	42.8
	质量储氢密度	wt%	—	5.3

（2）低温液态步入探索期，科研热度持续攀升

液氢是一种深冷的氢气存储技术。氢气经过压缩后，深冷到21K以下使之变为液氢，然后存储到特制的绝热真空容器中。常温、常压下，液氢的密度为气氢的845倍，液氢的体积能量密度比压缩存储高，在氢能应用中具备储运量更大、纯度高、充装更快、占地更小等优势。

长期以来，国内液氢主要用于航天和军工领域，民用液氢推进缓慢，氢液化设备也主要由美国空气产品、美国普莱克斯、德国林德等厂商提供。随着国内氢能产业兴起，这一局面在慢慢得以改善。

企业方面，民用液氢领域现已汇聚了中集、中科富海、航天101所、国富氢能、富瑞深冷、鸿达兴业、宝武太钢等一批优秀机构和企业，在相关技术上屡获重大突破。2022年6月，宝武太钢国内首发液氢专用不锈钢产品并通过相关认证，填补了国内民用液氢压力容器用不锈钢的空白；2023年12月，中科富海首套具有自主知识产权的国产1.5TPD[⊖]氢液化装置调试成功；2023年2

　⊖　TPD（Tons Per Day）指液氢日生产吨数。

月 8 日，富瑞特装子公司富瑞深冷获得法国船级社颁发的全球首套船用液氢燃料罐的原则性认可（AiP）证书。

整体来看，我国的液氢发展进入民用探索期，相关投资和项目密集出现，催动了企业投入液氢制取、存储、运输、应用及相关装备体系的研发生产，以及标准体系建设中。国内液氢发展的基石正在铸就，但达到规模化应用还需突破层层关卡。

（3）固态金属储氢技术在加氢站领域的应用及展望

与气态储氢和液态储氢相比，固态储氢既可以大幅提高体积储氢密度，又可以提高储运氢的安全性。从体积储氢密度方面来说，固态金属储氢是大型储罐 3MPa 的 10 倍、标准钢瓶组 15MPa 的 4 倍、纤维缠绕罐 35MPa 的 3 倍。因此，寻找性能优越、安全性高、价格低廉且环保的储氢材料是当前固态储氢研究的关键。

国内关于固态金属储氢的应用场景主要有两个：一个是高温析氢的镁基合金材料，应用于大容量固态储氢运输；另一个是常温析氢的钛锰系合金材料，应用于燃料电池汽车。两者在加氢站及其上下游氢能储运方面，均具有良好的应用场景。

镁的微观结构孔隙能让氢以原子的形式储存其中，具有较高的储氢能力，质量储氢密度可达 7.6%。镁合金中的氢释放速度可控性好，保证了利用的安全性。目前，基于上海交大技术的镁基储氢材料的研发已有突破，并于 2022 年 4 月投产测试首条镁基储氢生产线，其镁基大容量固态储氢运输车的最大氢装载量为 1.2t，是常规长管拖车的 4 倍。

钛锰系材料是储氢合金材料中适用于燃料电池汽车的材料。基于中国有研科技集团研发技术并由深圳市佳华利道公司开发的 20kg 钛锰储氢系统，已成功应用于佛山市飞驰汽车科技有限公司的 9m 氢能公交车。该车满载模式下百公里氢耗为 4.77kg，在 5MPa 低压加氢条件下，15min 即可加满。2020 年 1 月，有研工研院与佳华利道注册成立合资公司——深圳市佳华工研科技有限公司，以推进燃料电池车载固态储氢系统商业化生产和销售。2020 年 4 月，基于低压固态储氢技术的氢燃料电池冷链物流展示车成功下线。

整体来看，固态储氢处于研究示范、生产线计划及建设的早期阶段，广阔的应用场景和市场空间有待解锁。

二、燃料电池产业发展特点

（一）示范城市群开启产业发展新浪潮

我国燃料电池汽车示范城市群陆续明晰，加速了氢燃料电池汽车产业示范应用的推广。京津冀城市群依托氢源供应、技术资源和尖端人才优势，在氢气供给设备研发、加氢站设计和整车制造等多环节积极布局。上海城市群联合河南城市群，充分利用基础设施配套、应用场景优势和关键技术积累，以燃料电池公交车位为切入点，推动形成以客车为主、环卫和物流等燃料电池汽车全面发展的产业格局。广东城市群有着良好的制造业基础，重点聚焦氢燃料电池关键材料、核心零部件研发制造短板突破，推动重型货车、物流车、工程车等燃料电池商用车领域的试点示范。

五大城市群氢能领域新生力量正在逐渐扩大，为产业注入新鲜活力，将助力城市群氢能产业规模化发展。伴随着氢能汽车应用一起不断推进的，是更多几十亿元到百亿元量级项目在 2022 年相继落地。

上海城市群支持有关企业在本市开展燃料电池汽车示范应用，探索合理商业模式，带动燃料电池汽车产业链加快发展。2022 年 12 月 1 日，上海市经济和信息化委员会、市财政局、市发展和改革委员会、市科学技术委员会、市交通委员会和市住房和建乡建设管理委员会联合发布了《关于开展 2022 年度上海市燃料电池汽车示范应用项目申报工作的通知》。2022 年 11 月获悉，中石化将投资 200 亿元用于在内蒙古乌兰察布建设绿色电力和氢能综合项目，该计划包括陆上风电制氢一体化工程和输氢管道。这条输氢管道长达 400km，将连接乌兰察布的制氢厂和中石化在北京的燕山石化，管道的年吞吐量为 10 万 t 氢气。

广东城市群 2022 年同样氢能项目"扎堆"。据不完全统计，《广东省 2022 年重点建设项目计划表》中，涉及氢能领域的项目约有 11 项。其中包括云浮云城氢能特色小镇、湾区氢谷、明阳新型海洋装备制造、国家电投华南氢能产业基地、宝钢湛江钢铁氢基竖炉系统项目、东莞塘厦东益新能源汽车产业项目等多个十亿元至百亿元量级投资的项目。

京津冀城市群中，唐山迁安市总投资 52 亿元的氢能产业园项目开工；总投资 50 亿元的同清湖（淄博）氢能产业园项目开工。国家电投宣化风储氢综合智慧能源示范项目取得张家口市行政审批局的核准批复，成为河北公司首个将新能源与储能、氢能相结合的综合智慧能源核准项目。项目包含装机容量 200MW 的风电、30MW/60MW·h 储能站及一座 500Nm³/h 制氢站，总投资约 15.4 亿元，年均发电量约为 4.4 亿 kW·h。

（二）大型活动彰显示范效应

2022 年上半年，为了冬奥会的顺利进行，我国整个氢能产业链自上而下都进行了强势布局。上游制氢方面，我国修建了 11 座制氢厂来提供足够的氢能；中游运氢方面，超 300 辆氢气槽罐车运输氢气；下游加氢方面，中石化、中石油等能源企业配备 30 多个加氢站给予支持；终端方面，宇通、北汽、丰田等汽车企业上千辆不同类型的氢燃料电池汽车投入到赛事服务中。毫无疑问，我国冬奥会除了是一场体育盛会，也是全球最大的一次氢燃料电池汽车产业链的展示会。在北京、延庆和张家口三大赛区，共有 816 辆氢燃料电池汽车开展示范运营服务，其中北京、延庆两大赛区 312 辆，张家口赛区 504 辆。服务此次冬奥会的氢燃料电池汽车共有三个车型，分别是丰田 Mirai 乘用车、丰田柯斯达中型客车，以及丰田与福田合作开发的 12m 大型客车。与同级别燃油汽车相比，三款氢燃料电池汽车百公里可分别减少二氧化碳排放约为 18.79kg、47.01kg 和 57.86kg。

冬奥会上大规模应用燃料电池汽车，可以看作是我国对氢能源汽车大力支持的一个标志性事件，表明国家层面对氢能产业应用的认可，为继续在不同场景推广更多车辆打下了良好的基础。同时，这次氢燃料电池汽车规模化服务冬奥会足以证明氢燃料电池汽车技术路线的可靠性，提振了产业发展信心，也给社会资本带来了信心，进一步扩大燃料电池汽车市场化推广。

三、燃料电池产业发展预测

（一）重型货车是更加合适的应用场景

重型货车是氢燃料电池最理想的应用场景之一，主要优势体现在以下几个方面。

一是商用车更适合氢燃料电池技术，重型货车的高运量和经济效益也可以直接降低氢燃料电池车型的使用成本。实践证明，氢燃料电池能量密度高，氢燃料电池重型货车凭借自重低的优势可增加有效荷载；而且大车型的货车可装载的货物量多，少跑多拉，在长途、大型城郊货运领域可实现降本增效。

二是根据生态环境部发布的数据，汽车是移动源污染排放的主要贡献者。而在汽车中，载质量大、行驶里程长的中重型货车，又是占据车辆尾气污染排放量的"大头"。特别在港口、码头、工业园区等特殊区域，重型柴油汽车密集，尾气排放在雾霾颗粒物中的占比达到 77.8% 以上，因此，从重型货车开始转型以降低污染势在必行。

三是政策补贴向重型货车倾斜。财政部将对燃料电池汽车的购置补贴调整为支持城市群示范应用。这些示范重点皆侧重于氢能重型货车商业化场景。2022 年 8 月，全国各地氢能补贴政策不断涌现，政策更倾向支持氢能重型货车应用，对于大功率高能量密度电池补贴更多。以《上海市燃料电池汽车示范应用专项资金实施细则》为例：设计总质量 12~31t（含）货车每辆车每年奖励 0.5 万元，设计总质量超过 31t 的重型货车每辆车每年奖励 2 万元，通勤客车每辆车每年奖励 1 万元，奖励资金由市级奖励资金和车辆营运企业所在区按照 1∶1 比例安排。

从表 3.13 也可以看出，在 2020 年补贴政策改动之后，对于 31t 以上的重型货车来说单车补贴上限涨幅达 36.5%。虽然补贴资金在逐年递减，但是重型货车的补贴仍高于轻型或中型货车。

表 3.13　政策补贴表

时　间	单车补贴上限 / 万元			
	轻型货车	中型货车	25~31t（含）重型货车	31t 以上重型货车
2020 年 4 月 22 日前	24.0	40	50	50
2020 年 4 月 22 日后	20.8	20.8	47.32	54.6
2021 年	19.2	19.2	43.68	50.4
2022 年	17.6	17.6	40.04	46.2
2023 年	14.4	14.4	32.76	37.8

（二）产业链配套逐步完善，生产制造成本将进一步降低

氢燃料电池汽车产业链完整之后，燃料电池系统、电池堆、双极板、空气压缩机、氢气循环泵等关键零部件将加速实现国产化替代。当前的燃料电池系统国产化程度已经从 2017 年的 30% 提升至 80%。例如目前国产化双极板采用率越来越高，相关企业已具备双极板批量生产能力，技术水平较为成熟。现阶段，碳纸、质子交换膜、传感器、催化剂、管阀件等部分关键材料、零部件仍主要依赖进口，但国内已开始布局并进行小批量生产。以重塑科技的燃料电池系统为例，其已经可以自主化研发并应用电池堆、空气压缩机、双极板、DC/DC 变换器等，同时与国内其他零部件公司关系密切，争取燃料电池零部件全部自主化。

当前，产业链上下游关键零部件生产能力正快速提升，性能正逐步接近全球一流水平，燃料电池寿命和可靠性正在通过批量示范，在实际应用过程中进行充分验证。燃料电池成本在过去 5 年中，以几乎平均每年 100% 的速度下降，预计未来 3~4 年，每年还有 30% 左右的降幅。同时，氢能助力能源、化工、钢铁等行业深度脱碳的潜力被关注后，供应量将呈上升态势，供给成本还有较大下降空间。

另外，加氢站装备国产化率提高，也能够带动站端氢气加注价格下降。根据国家燃料电池汽车示范应用政策目标，到 4 年示范期末，站端氢气加注价格低于 35 元 /kg。短期内在专用车领域推广燃料电池技术仍需突出减碳环保效益，到 2025 年，预计燃料电池汽车购置成本将与纯电动汽车相当；到 2030 年，燃料电池商用车全生命周期成本将与传统燃油汽车相当，并具备经济性优势。

产业链上下游企业强化相互之间的协同合作，尤其是产品开发上的协同和商业模式上的协同，非常有利于进一步提升我国产品的综合竞争力。

第四部分

特邀专家热点专题

欧洲动力电池碳排放管理法规进展及应对策略

赵世佳　王建斌

工业和信息化部装备工业发展中心

全球电动化加速转型背景下，动力电池作为新能源汽车产业链关键核心领域，是实现汽车产业绿色低碳转型路径的关键，成为欧美争夺的战略制高点。我国动力电池技术水平、产业规模、配套体系处于全球领先水平。然而，"双碳"目标背景下，我国在动力电池碳足迹核算标准与方法论方面存在空白。欧盟正在加快制定《欧盟电池与废电池法规》，要求企业从全生命周期角度审视动力电池的碳排放，并提供碳足迹声明及性能等级标签，对生产设定碳排放限制。欧盟电池法规给我国汽车行业"双碳"工作的开展提供了借鉴，但也给我国动力电池企业出口带来了挑战。目前，欧洲成为我国动力电池主要出口市场，若企业无法满足欧洲电池碳足迹法规要求，则产品无法进入欧洲市场。建议加快构建适用于中国动力电池产品的碳足迹方法论和碳排放因子数据库，开展动力电池全生命周期碳排放标准研究，推动中欧动力电池碳足迹相关标准法规互认，加强国际合作，推动全球汽车产业低碳转型升级。

一、欧盟电池碳管理现状及趋势

（一）欧洲出台电池法规背景

为应对气候变化、推动可持续发展，欧盟委员会于 2019 年 12 月发布了"欧洲绿色协议"（*European Green Deal*），该协议提出欧盟于 2050 年实现碳中和。为此，欧盟制定了详细的路线图和政策框架。产业政策中，在交通、能源等领域提出发展清洁能源、新能源汽车、充电基础设施等影响重大的政策规划。要实现 2050 碳中和的目标，能源和交通领域转型是关键，而动力电池是能源和交通绿色转型中最为核心的产品。但欧洲在动力电池和储能电池领域已落后于东亚地区。为落实绿色协议的要求，保障欧盟电池价值链的可持续性和竞争力，欧盟委员会于 2020 年 12 月发布了《欧盟电池与废电池法规》（以下简称《电池法规》）草案，该法规于 2023 年 8 月 17 日正式生效，并将于 2024 年 2 月 18 日起强制执行。

（二）《电池法规》内容

《电池法规》的主要内容是要求对电池全生命周期进行监管，并明确各项要求的实施时间。其监管贯穿生产、销售和回收再利用环节，确保投放欧盟市场的所有电池在整个生命周期中的可持续、高性能和高安全，减少电池生命周期对环境和社会的影响。《电池法规》对在欧洲销售的所有电池进行重新分类定义，增加对生产环节的管控要求，对电池回收利用提出更严格的要求，规定相关信息披露的最低要求，其中包含碳足迹、尽职调查、电池护照等体系要求。

《电池法规》内容可具体分为六部分，包括可持续性、废电池管理，安全性与一致性要求，标签、标识、信息要求，电池护照，尽职调查，以及相关方的义务划分。以下按照电池全生命周期各阶段具体介绍相关的要求。

在原材料开采与电池生产阶段，首先，电池生产企业需在电池上市或投入使用前，确保电池能持续、安全地设计和生产，并遵守相关标签和信息要求，在电池投放市场或投入使用后的 10 年内，将技术文件和欧盟合格声明交由国家主管部门保存；其次，每个生产的电池型号需分阶段计算并报告碳足迹，标识碳足迹等级，在随附技术文档中证明电池生命周期内的碳足迹低于法规设定阈值；再次，电池生产企业需满足更高的循环经济要求，活性材料中的钴、铅、锂、镍使用回收原材料的比例需达到规定的阈值；最后，以电池投放市场的企业作为主体，需对供应链开展尽职调查，建立并运行透明的电池供应链控制系统，保证监管和上游参与者的可追溯性。在电池使用和使用后阶段，首先，电池需满足规定的性能和耐久性参数的限值；其次，收集的电池应采用最佳可行技术处理，且电池回收效率与材料回收水平应超过最低阈值；最后，电池生产商需承担废电池管理义务，确保达到新法规规定的回收率。在电池信息披露阶段，首先，符合安全、健康和环保要求的电池投入使用前，需加贴"CE"标志，同时电池的二维码需包含规定的信息；其次，投放市场的每个电池应具有电子记录（电池护照），电池护照应包含规定的信息，同时通过电池信息电子交换系统，向分销者、消费者、回收者和监管者提供获取电池信息的访问权限。

（三）欧盟电池法规立法过程及最新进展

鉴于电池产业的蓬勃发展，以及电池的整个生命周期对气候变化和环境造成的巨大潜在影响，欧盟于 2006 年便已颁布"电池指令"，主要对有害物质的限量及电池标识做出要求。随着市场的增长，电池的制造、使用和报废处理带来一系列挑战，电池可持续性、环保和能效的重要性也更加凸显。由于电池对欧盟的战略重要性，2017 年 10 月，欧盟委员会成立了欧洲电池联盟，以支持在欧洲扩大创新解决方案和制造能力。2018 年 5 月，作为第三个"Europe on the move"一揽子计划的一部分，欧盟通过了一项专门的电池战略行动计划，其中包含一系列措施，包括原材料提取、采购和加工、电池材料、电池生产、电池系统、再利用和回收。

2020 年 12 月 10 日，欧盟提出《欧盟电池和废电池法规》草案，旨在逐步废除 2006/66/EC"电池指令"，修订法规（EU）2019/1020，更新欧盟电池立法，以确保欧盟电池价值链的可持续性和竞争力。2022 年 2 月 10 日，欧洲议会环境、公共卫生和食品安全委员会投票通过《欧盟电池与废电池法规》拟议规则，在可持续性与回收利用要求上提出了更高的要求和目标。2022 年 3 月 10 日，《欧盟电池与废电池法规》立法草案在欧洲议会获得通过，相关要求与 2 月 10 日通过的《拟议规则》基本一致，在 2020 年草案基础上，针对电池管理范围、数据与标签管理、电池性能要求、供应链尽职调查、碳足迹等方面均提出了更高的要求。2022 年 3 月 17 日，《欧盟电池和废电池法规》获得欧洲理事会一致通过，2023 年 8 月 17 日，该法规正式生效，并将于 2024 年 2 月 18 日起执行，该法规的演变过程如图 4.1 所示。

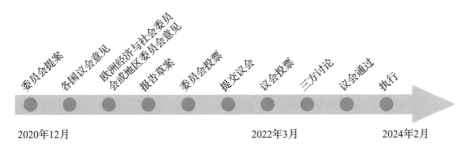

图 4.1 《欧盟电池和废电池法规》演变过程

二、国内外电池碳排放方法论及数据库研究现状

（一）电池碳排放方法论研究现状

方法论决定了不同电池产品、技术路线、生产方式、运营模式、回收比例、绿电认证等不同因素下的碳足迹计算逻辑和公式。目前国外在汽车及零部件领域还未建立统一的碳排放核算标准体系，各方工作进展有较大差异。欧盟已建立官方统一健全的生命周期评价（LCA）标准与认证体系——产品环境足迹（Product Environmental Footprint，PEF）指南，并计划将 PEF 纳入欧盟循环经济政策、产品环境标识、产品生态设计、政府绿色采购等各种环境政策法规。同时，新电池法将在欧盟《产品环境足迹类别规则》（PEFCR）的基础上，制定、修订、补充适用于欧洲电池法的碳足迹方法论。国际电工委员会（IEC）SC 21A/TC 21 工作组已正式启动《IEC 63369 ED1 适用于锂离子电池的碳足迹计算方法》标准编制，该标准为锂离子电池碳足迹统一核算提供了规定和指导。

（二）电池碳排放数据库研究现状

目前，国外与碳排放评价相关的数据库大致可以分为两类：一类是国家/地区级的温室气体排放清单数据资源，如国际能源署（IEA）、荷兰环境评估机构的全球大气研究排放数据库（EDGAR）、美国能源信息管理局（EIA）、欧盟联合研究中心（JRC）、世界银行和世界资源研究所（WRI）等；另一类是生命周期评价（LCA）数据库，如瑞士 Ecoinvent 数据库、德国 GaBi 扩展数据库、欧盟生命周期文献数据库（ELCD）、美国 USLCI 数据库等。以

LCA 数据库为例，各数据库通常具有本土化特色，瑞士 Ecoinvent 数据库的数据主要来源于统计资料及技术文献，涵盖欧洲及世界各国 7000 多种产品的单元过程和汇总过程数据集，是国际 LCA 领域使用最广泛的数据库之一；欧盟 ELCD 数据主要来源于欧盟企业真实数据，可为在欧生产、使用、废弃产品的 LCA 研究与分析提供数据支持，是欧盟环境总署和成员国政府机构指定的基础数据库之一。国外碳排放数据库见表 4.1。

表 4.1　国外碳排放数据库

国家 / 组织	数据库	数据范围
瑞士	Ecoinvent 数据库	涵盖欧洲以及世界多国多种产品的单元过程和数据采集，LCA 清单数据齐全
德国	GaBi 数据库	专业数据库包括行业常用数据，扩展数据库模块涉及广
欧盟	ELCD	涵盖欧盟 300 多种大宗能源、原材料、运输的汇总数据采集

三、我国动力电池产业低碳发展面临的问题与挑战

（一）动力电池碳排放因子数据库尚未完善

动力电池全生命周期碳排放核算需要将各阶段材料、能量损耗与碳排放因子相乘以获得该阶段碳排放。当前我国动力电池碳排放因子数据库建设方以学校、机构为主，尚未建立官方统一的数据库，难以实现国际互认。当前国际应用数据库中，中国区域碳排放因子数值普遍偏高，与我国现有的能源发展现状不符，直接导致我国产品核算碳排放强度高于实际值，降低了我国动力电池产业链碳足迹竞争力。

（二）汽车产业链碳排放核算标准尚未统一

目前，汽车产业内常参考的碳排放核算标准以团体标准形式为主，代表性标准如《乘用车生命周期碳排放核算技术规范》等大多基于学术核算方式制定，存在核算边界不统一、颗粒度较粗、数据清单定义不明确、与实际应用差距较大等问题。同时，行业标准在探索完善过程中更新频繁，导致企业要应用统一标准进行碳核算的成本大幅提升，行业内不同企业的核算结果横向对比困

难，不利于摸清产业碳排放现状。

（三）汽车产业链碳排放认证体系缺失

根据行业初步测算结果，整车碳排放约 85% 来自上游零部件，其中近50% 源于动力电池，动力电池企业碳排放约 80% 来自上游原材料，全产业链碳排放测算需上下游企业共同参与。奔驰等国际汽车企业要求零部件企业提供标准化的碳排放评价报告，并需经过三方权威机构认证。而国内汽车产业认证体系尚未建立，各企业只能自主要求上游企业提供碳排放评价报告，并在企业内建立团队进行自主认证。实际操作中，部分供应链企业碳核算动力不强，在无统一认证体系的情况下，疲于应对汽车企业的不同要求，逐渐出现消极应对、提供虚假信息等问题。

四、动力电池产业低碳发展建议

（一）建立统一规范的碳排放因子数据库

建议主管部门统筹汽车产业链企业、院校及机构等，研究发布并规范管理碳排放因子数据库，针对地区、企业、项目与产品各类核算主体，基于不同管控目的，明确各类碳排放因子数值，提供清晰的使用指引，区分说明不同类别排放因子的定义和使用情景。在统一规范建设数据库的基础上，建议主管部门定期更新发布碳排放因子等相关参数数据，不断提高其科学性与系统性，同时持续向国际通报，推动国内与国际汽车碳排放数据互认。

（二）研究制定动力电池产品碳排放核算国家标准

欧盟已建立官方统一健全的生命周期评价标准与认证体系——产品环境足迹指南，欧盟委员会计划将 PEF 纳入欧盟循环经济政策、产品环境标识、产品生态设计、政府绿色采购等各种环境政策法规。建议参考国际成熟标准，以低碳发展领先企业的实践数据、实践经验为基础，加快研究制定基于碳足迹的动力电池制造碳排放国家标准，明确核算对象、范围和边界，加快我国电池碳足迹方法论研究并争取与欧盟协调统一，确保碳足迹核算标准实现国际互认。

（三）建立全球互认的动力电池碳排放管理体系

建议参考借鉴欧盟电池碳排放管理经验，结合我国产业特点，建立产品碳排放管理体系，参与全球碳中和规则制定，推动与欧盟建立电池碳足迹管理互认机制。逐步探索建立既与国际接轨又适合我国国情和生产力发展水平的电池碳排放管理体系，包括电池碳排放基础数据库、方法论、标准体系，为推动产业上下游协同降碳提供基础。同时，结合我国各企业内部碳排放核算平台搭建基础，建设官方碳排放数据上报平台，并与企业平台实现有效对接，从而逐步推动数据强制上报，促进汽车及动力电池产业链搭建完善认证体系并提升碳摸底精确性。

"大产业"时代下我国锂电池产业的机遇和挑战

孟祥峰　刘岩　张红波　吕鹏

宁德时代新能源科技股份有限公司

锂离子电池是重要的电能储存载体，广泛应用于新能源汽车、储能和消费类电子等领域。在下游各应用市场快速增长的带动下，2022年我国动力电池装车量共计294.6GW·h，同比增长90.7%。目前，我国锂电池产业已呈现科技含量高、产业链条完备两个显著特征，未来将成为一个规模巨大、前景广阔的基础性、战略性大产业，是全球竞争的重要制高点。

一、我国锂电池产业发展概述

近年来，我国锂电池产业发展迅猛。一是产业规模快速扩大。2014年以来，我国一直是全球最大的锂电池生产国，产量规模占比超60%。二是企业竞争力明显增强。2022年，全球车用动力电池企业前10名中，我国电池企业占据6席，累计全球市场上份额占比达到60.4%，在全球市场上已经具备较强的定价权。三是产业链供应链已基本实现安全可控。上游原材料、关键装备实现国产化，并具备对外出口能力，对主要矿产资源也开展了重点布局。四是产品技术水平处于全球先进行列。目前我国规模化生产的电池产品性能指标与国际先进水平已无明显差距，其中三元锂电池单体的能量密度达到 280W·h/kg，磷酸铁锂电池的能量密度达到 210 W·h/kg，电池的循环寿命、安全性能等重要参数也都达到国际先进水平。

二、"大产业"形势下我国锂电池产业发展机遇

一是"双碳"目标推动锂电池产业发展进入新阶段。"30·60 双碳"目标背景下，能源领域与交通领域将是推动我国实现碳达峰、碳中和的重点领域。车用动力电池、储能电池将迎来爆发增长期，电动化逐步扩展到电动工程机械、电动船舶、电动飞机等更多领域，推动锂电池产品技术水平持续提升，运营模式不断优化，快速进入高质量发展阶段。

二是完备的产业链为产业发展提供有力保障。在国家政策引导下，经过十多年的培育和发展，我国已经形成涵盖矿产冶炼、前驱体、正极、负极、隔膜、电解液、制造设备的完整产业链；技术上全球领先，规模上也全球最大，为我国锂电池产业自主发展创造了有利条件，也为汽车产业弯道超车和汽车强国建设提供了有力支撑。

三是全球最大的应用市场为产业创新创造培育土壤。从全球范围来看，我国是最早大规模推广新能源汽车的国家，已连续六年成为全球最大的锂电池消费市场，拥有最丰富的市场使用经验。大规模市场应用将会加速产品推陈出新与优胜劣汰，为锂电池产品技术与商业模式创新提供了有力支撑，助力我国锂电池产业长期占据国际市场领先地位。

三、"大产业"形势下我国锂电池产业发展面临的挑战

一是产品性能仍不能完全满足市场需求。尽管我国锂电池技术水平已位居全球前列，但在实际市场应用中仍存在较多痛点问题。新能源汽车里程焦虑、充电焦虑仍然存在，低温续驶里程缩减问题严重，起火事故频发，动力电池亟待在性能水平提升、成本控制以及安全和可靠性增强等方面持续加快突破。储能电池成本面临挑战，安全门槛仍待提高，需要市场进一步攻关和探索。

二是关键矿产原材料仍依赖进口。我国的锂镍钴资源都是稀缺资源。其中

探明的锂、钴资源储量占全球总储量分别只有 6% 和 1.14%，对外依存度高，供应风险大，我国没有定价话语权。此外，美欧不断强化对上游矿产资源的控制力度，国外矿产巨头组建联盟操纵价格，攫取中国新能源汽车产业利润，意图挤压中国电池企业生存空间，加剧我国矿产原材料供应风险。

三是产业闭环生态仍未建立。高效回收利用体系尚未形成，行业缺乏严格准入，造成大量退役电池流入生产工艺落后但出价高的"小作坊"企业，退役电池流入小作坊企业后大多经简单处理便投入路灯、二轮车，甚至储能等梯次利用场景，存在严重的环保和安全隐患。退役电池回收利用与原生产企业完全隔离，难以有效发挥退役电池的最大价值。生产—回收—再利用的产业闭环链条仍未建立。

四是欧美地方保护政策为我国产品出口设置障碍。近年来，发展动力电池和储能电池已被欧美政府作为核心竞争力上升到国家战略高度，欧美政策组合不断加码。美国在《通胀削减法案》中明确规定，将补贴和本地化要求进行捆绑，如不能本地化生产，就无法拿到补贴。欧盟电池法对进口电池产品提出碳足迹、回收材料比例等使用要求，十分不利于我国锂电池产业全球化发展。

四、工作建议

一是大力支持电池新技术、新产品的创新研发。加大对全球电池产业前沿技术的跟踪，组织相关领域专家定期制订、修订行业发展技术路线图，为业界提供及时的引导。继续保持重点研发计划对电池领域的大力支持，重点支持新型固态电池领域加快突破。结合国家重大电池应用项目（工程）的实施，提前布局新型电池及系统的研发。推动现有各级电池创新中心力量的大联合，围绕共性技术、工艺、材料和装备需求和突破方向，分工合作，为全行业提供有力的技术服务。

二是加强上游矿产资源保障。建议加强锂、镍、钴等稀缺资源的储备与保障体系建设，确保上游资源的供给安全。一是加快国内锂资源开发力度。我国青海、四川、江西等地锂资源较为丰富，建议建立协调机制，开辟审批的绿色通道，制定开采时间表，提高自主供应能力。二是支持企业加强国外矿产资源布局，建议由国家统筹国内电池龙头企业和产业链优势企业的合理需求，形成合力，共同出海收购开发尽可能多的矿产资源，为国外矿产收购开发提供保障。

三是加速规范电池回收利用。建议一是严格回收市场准入。建议将车用动力电池回收利用企业纳入资质管理，明确执法主体，切实杜绝"小作坊"企业乱象。二是优化回收运行模式。建议严格落实生产者责任延伸制，鼓励动力电池企业参与回收利用并承担退役电池处理环节的主体责任；加快退役电池残值评估、寿命终点（End of Life，EOL）评价等行业急需的标准修订；拓展梯次电池市场应用场景，探索开展"动力蓄电池梯次利用于新能源汽车"试点。

四是鼓励龙头企业走出去。一是建议对国外锂电池贸易壁垒政策建立设立国家层面协调机制；加快我国在碳足迹方法论、数据库和相关标准领域的研究，积极推进国际互通互认，避免我国参与国外市场竞争时遭遇贸易歧视。二是建议国家以适当方式加大对新能源企业出口和国际投资的支持力度，鼓励企业布局欧美市场，使中国动力电池企业为全球新能源技术进步和产业发展做出更大贡献。

电池金属锂上游材料市场供需分析[一]

徐爱东　余雅琨

北京安泰科信息股份有限公司

自 2020 年中，锂价受下游需求释放带动进入强势上涨周期，2022 年全球锂盐价格高位震荡，屡创新高，全年电池级碳酸锂均价 48.1 万元 /t，同比上涨 296%；电池级氢氧化锂均价 46.4 万元 /t，同比上涨 302%。

从供需基本面来看，未来二年锂价处于高位震荡回调状态，2023 年中枢价格 22 万元 /t，较 2022 年下跌 54%，回调动力主要来自供给端产能的逐步释放和需求端的增速下滑。供给端 2023 年全球增量预计 30 万 ~35 万 t LCE（碳酸锂当量），需求端则因新能源汽车价格普遍上涨和补贴退坡双重影响，2023 年增量放缓，锂价承压下跌，看向 10 万 ~15 万元 /t。

[一]　本文中数据若无特别标注，均来源于北京安泰科信息股份有限公司。

一、全球锂资源开发和锂盐生产消费现状

（一）锂资源储量和产量处于增长阶段

据美国地质调查局（USGS）数据，2021 年全球锂资源量为 4.73 亿 t
LCE，同比增长 3.5%。全球锂资源丰度颇高，但分布不均，主要分布在南美
锂三角（玻利维亚、智利、阿根廷）及澳大利亚、美国、中国等地，排名前五
的国家资源合计占比达 74%，其中，南美锂三角占比 56%，中国锂资源总量
为 2713 万 t，位列全球第六，占比约 6%，见表 4.2。

表 4.2　2021 年全球主要国家已探明锂矿资源量

序号	国家	资源量 / 万 t LCE	占比	资源类型
1	玻利维亚	11172	23.6%	盐湖
2	阿根廷	10108	21.3%	盐湖
3	智利	5214	11.0%	盐湖
4	美国	4841	10.2%	盐湖 + 硬岩 + 黏土
5	澳大利亚	3884	8.2%	硬岩
6	中国	2713	5.7%	盐湖 + 硬岩
7	刚果（金）	1596	3.4%	硬岩
8	加拿大	1543	3.3%	硬岩
9	德国	1436	3.0%	硬岩 + 地热卤水
10	墨西哥	904	1.9%	黏土
11	其他	3937	8.4%	—
	合计	47348	100%	

注：数据来源于 USGS 2021。

据美国地质调查局数据，2021 年全球锂资源储量为 1.19 亿 t。其中，智
利储量为 4894 万 t，占比 41%；其次为澳大利亚，储量为 3032 万 t，占比
25.4%；中国储量为 798 万 t，占比 6.7%。

2022 年全球锂资源开发量为 79.8 万 t LCE，同比增长 39.7%。锂资源高度

集中，产量排名前五的国家合计产量占全球产量比例为 99% 以上，其中，澳大利亚占比 41%，智利占比 26.5%，中国占比 25.5%，阿根廷占比 4.7%，巴西占比 1.6%。按资源类型来看，锂辉石占比 45.6%，盐湖占比 42.1%，云母占比 10.8%，还有其他类型资源。

中国锂资源开发量为 20.4 万 t LCE，同比增长 39.7%。我国锂资源开发主要集中在青海、江西、四川等省份，其中，四川和新疆的锂辉石矿增幅明显，表 4.3 为我国锂资源开发量对比。

表 4.3　2021 年和 2022 年我国锂资源开发量对比

序号	省份	2022 年产量 / 万 t LCE	占比	2021 年产量 / 万 t LCE	同比增长	类型
1	青海	8.1	39.7%	6.6	22.7%	盐湖
2	江西	8.1	39.7%	6.2	30.6%	锂云母
3	四川	2.8	13.7%	1.2	150%	锂辉石
4	西藏	0.6	2.9%	0.6	持平	盐湖
5	新疆	0.7	3.4%	—	—	锂辉石
6	其他	0.1	0.5%	—	—	锂云母
全国总计		20.4		14.6	39.7%	

（二）全球锂盐产量同比增长 38.5%

2022 年全球锂盐产量合计约 83.7 万 t LCE，同比增长 38.5%。其中，国外产量占比约 29.8%，国内产量占比 70.2%，与 2021 年基本持平。

2022 年我国锂盐总产量约 58.9 万 t LCE，同比增长 39.8%，其中，碳酸锂产量 37.5 万 t，氢氧化锂产量 22.7 万 t，氯化锂 1.6 万 t。由于碳酸锂与氢氧化锂存在相互转化，无法单纯用氢氧化锂折算成碳酸锂的产量再加上国内碳酸锂产量，国内锂盐总产量是经过调减后从原料（锂辉石、卤水、云母等）直接折算成碳酸锂当量。

2022 年我国碳酸锂产量为 37.5 万 t，同比增长 47.1%，其中，来自锂辉石占比 36%，云母占比 26.7%，盐湖占比 23.2%，回收占比 11.2%，其余含锂原料占比 2.9%。国内资源盐湖和锂云母直接产出多为碳酸锂，可用于国内新增的大量磷酸铁锂产能中。

2022 年国内氢氧化锂产量为 22.7 万 t，同比增长 26.1%。因高镍三元和 6 系三元的增量明显，国内苛化厂在 2022 年的开工率情况良好，部分开工率可达 70%。我国氢氧化锂主要以锂辉石为原料，2022 年上半年，因锂辉石原料紧张，四川地区氢氧化锂生产方也多方筹措原料，在新建生产线中也有预留储罐等设备设施，以应对锂辉石精矿不足的情况。如果算上苛化法的氢氧化锂，我国 2022 年氢氧化锂产量预计为 26 万 t。

（三）新能源汽车是镍钴锂消费增长的动力

2022 年全球锂消费量约 80.8 万 t LCE，同比增长 38.1%，其中，电池行业占比超过 86%。电池行业用锂主要集中在正极材料、电解液和补锂添加剂等。2022 年全球正极材料产量约 220.6 万 t，同比增长 62.7%。

2022 年我国锂消费量约 60.9 万 t LCE，同比增长 45%，正极材料消费占比近 90%。2022 年我国四大正极材料产量合计 181 万 t，同比增长 72%。其中，磷酸铁锂受新能源汽车和储能双重利好的带动，增幅最大，产量同比增加 130%；三元材料则受动力电池的拉动，产量同比增长 51%；锰酸锂和钴酸锂因面向的数码 3C$^{\ominus}$ 领域，受经济环境和高锂价影响，钴酸锂 2022 年产量为 7.5 万 t，同比下滑 16%，锰酸锂产量为 6.4 万吨，同比下滑 30%。

对 2022 年正极材料的产量测算，中国动力电池领域锂的消费量为 41 万 t LCE，远高于从新能源汽车装车量测算出来的锂消费量。产生偏差的原因之一是我国锂盐、正极材料直至动力电池几大环节都是净出口，加上生产线主要节点的工作库存，如果保持目前这种进出口格局基本不变，那么从上游材料端测算的锂消费要比通过实际装车量测算的至少扩大 1 倍。

（四）我国锂盐均价同比上涨近 300%

2022 年我国电池级碳酸锂均价 48.1 万元 /t，同比上涨 296%；工业级碳酸锂均价 45.9 万元 /t，同比上涨 296.5%，工业级和电池级碳酸锂价差较 2021 年有所扩大。

2022 年我国粗颗粒电池级氢氧化锂均价为 46.4 万元 /t，同比上涨 302.1%；

　　$\ominus$　3C 是计算机（Computer）、通信（Communication）和消费类电子产品（Consumer Electronic）三者的结合。

微粉级电池级氢氧化锂均价为 47.6 万元 /t，同比上涨 293%，微粉级和粗颗粒氢氧化锂价差为 1.2 万元 /t，较 2021 年的 0.8 万元 /t 虽有所扩大，但总体仍在正常加工费区间内。

2022 年国内氢氧化锂和碳酸锂的价格变动基本保持一致。2022 年锂盐价格可以分为四波行情。以电池级碳酸锂为例，第一波价格上涨是延续 2021 年的涨势，从 2022 年年初的 28.8 万元 /t 到 3 月散单价格冲高至 54 万元 /t，随后上海及其周边地区疫情防控导致新能源汽车企业停产，传导至电池企业减产，需求短时下滑，供需关系从供不应求到供大于需，价格回调至 45 万元 /t。第二波是 2022 年 6—8 月锂价维持平台期，价格有缓慢回调，但整体涨幅不明显；进入 9 月，锂价再开启强势上涨的第三波行情，年底新能源汽车抢装导致上游产业链备货周期前移，加上正极材料释放的产能，锂盐市场短时供不应求，叠加下游订单催交，上游看涨预期强，接货意愿高，锂价在 11 月初散单冲高至 60 万元 /t 以上。随后由于新能源汽车 10 月销量不及预期，汽车企业库存增加，下调预期，我国锂盐价格进入第四波行情，11 月份开始先是三元材料砍单明显，再到 12 月磷酸铁锂减量，需求下滑再次触动锂价拐点，11 月中旬开始止涨回调，截至 12 月底，电池级碳酸锂价格回到 51 万元 /t 左右，并有持续下跌的趋势。

2022 年全年锂价维持高位震荡运行，2023 年因供给端释放加速，锂价有下行动力。从供需基本面来看，未来二年锂价处于高位震荡回调状态，2023 年中枢价格为 22 万元 /t，较 2022 年下跌 54%。回调动力主要来自供给端的逐步释放和需求端的增速下滑。价格走势方面，短期上下游博弈仍在继续，上游有挺价意愿，下游需求走弱，采购围绕刚需。锂价下滑阶段预计要维持到 2023 年 3~4 月，第二季度进入相对平台期，到第三季度虽然需求有所回暖，但供给端的增量大于上半年，大概率出现供给增量大于需求增量情况，则价格仍有下行动力；需求端则在新能源汽车价格普遍上涨和补贴退坡的双重影响下，2023 年增量放缓。2023 年下半年锂价仍有下跌动力，如需求悲观，2023 年锂价恐跌破 30 万元 /t。2020—2022 年我国锂盐月均价格走势如图 4.2 所示。

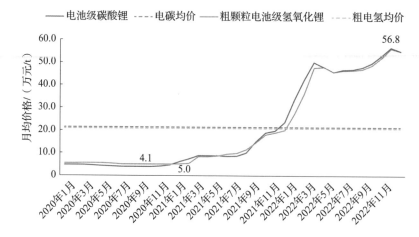

图 4.2　2020—2022 年我国锂盐月均价格走势图

（五）我国深度参与全球动力电池供应链

我国锂盐、正极材料不仅满足国内市场消费，还远销国外，进入全球锂电产业供应链。

根据海关数据，2022 年，我国累计进口碳酸锂 13.6 万 t，同比增长 68%，进口均价 33.4 万元 /t，同比增长 642.2%。同期出口碳酸锂 1 万 t，同比增长 28.21%，出口碳酸锂均价 43.9 万元 /t，较 2021 年出口均价增长 5 倍。2022 年我国碳酸锂净进口量达 12.6 万 t。从以上数据可以看出，我国依然以进口碳酸锂为主，且继续保持上升趋势，碳酸锂进口量和价格共同保持高增长，其原因在于下游需求端电池市场表现强劲；在进口国方面，智利和阿根廷占据强势主导地位。

2022 年，我国累计出口氢氧化锂 9.3 万 t，较 2021 年同比增长 25.67%，氢氧化锂进口量 0.3 万 t，较 2021 年同比下降 6.25%，全年净出口量 9 万 t，较 2021 年同比增长 28.57%。随着国外高镍三元正极材料项目扩建，氢氧化锂出口需求持续增加，主要出口至韩国、日本。全球 90% 的氢氧化锂产能集中在我国，我国对氢氧化锂进口依赖度极低，进口主要来自俄罗斯、智利等。

2022 年，我国进口 NCM 共计 9.17 万 t，较 2021 年同比增加 57.02%，进口均价为 26.54 万元 /t，较 2021 年同期增长 76.3%。

同期出口 NCM 共计 10.5 万 t，同比增加 59.1%，出口均价 30.6 万元 /t，较上年同比增长 98.7%。随着国外电动汽车的崛起，2022 年 NCM 出口量继续保持在高位，出口均价方面也持续上升。

2022 年全年我国进口磷酸铁锂仅为 1030t，出口 1111t（表 4.4），相较于我国 2022 年 105.8 万 t 的产量，占比很小，主要因为国外电动汽车动力电池需求都以高镍三元材料为主，对磷酸铁锂需求量较小。未来，随着储能领域的发展，磷酸铁锂的出口量将会出现激增。

表 4.4　2022 年锂产品进出口情况

商品名称	出口		进口		净出口量	净出口额 /万元
	数量	金额 / 万元	数量	金额 / 万元		
锂	552.0t	115704	15.7t	991	536.3t	114713
氢氧化锂	93381.4t	2634946	3085.9t	38407	90295.5t	2596539
未列明锂的氧化物及氢氧化物	69.4t	9403	2.3t	17	67.1t	9386
六氟磷酸锂	17608.6t	278348	865t	19807	16743.6t	258541
氯化锂	360.8t	10512	533.7t	4451	−172.9t	6061
锂的碳酸盐	10433.2t	458059	136093t	4542892	−125659.8t	−4084833
锰酸锂	303.2t	2802	212.1t	2026	91.1t	776
锂镍钴锰氧化物	104531.6t	3205544	91730.2t	2435314	12801.4t	770230
磷酸铁锂	1111.3t	16688	1030.8t	4299	80.5t	12389
锂镍钴铝氧化物（NCA）	4576.6t	129913	19459.5t	626812	−14882.9t	−496899
锂的原电池及原电池组	184937.7万个	318068	79664.7万个	157982	105273万个	160086
锂离子蓄电池	377269.2万个	34265664	110863.8万个	1984839	266405.4万个	32280825

注：数据来源于中国海关、北京安泰科信息股份有限公司。

二、2022—2023 年全球锂供需格局展望

2022 年全球锂资源开发正在提速，预计 2023 年锂的供需格局将从供需平衡到供略大于求，紧张状态得以缓解，锂盐价格也会从高位回落，2023 年中枢价格为 22 万元 /t，较 2022 年下跌 54%。

锂矿投资周期一般在 3~5 年，从 2020 年下半年开始锂价反弹再到 2021 年一路高涨，锂产业上游暴涨的利润带动了资源投资。2022 年的新增量主要来源于现有矿山的扩产以及之前矿山的复产，新增锂矿（含卤水）预计在 2023 年陆续释放，如果按照已披露的矿山计划，2023 年的新增量将超过 40 万 t LCE。但由于开矿从勘探到建设再到投产运营，每个环节均有不确定性，并且在全球环境影响评价的要求越来越高的情况下，固体矿对周边环境、生态的影响使其能否顺利投产运营存在不确定性，同时，卤水开采和沉锂需要消耗大量淡水，而淡水也是形成盐湖生态比较稀缺的资源，上游供给端仍会存在一定的不确定性，但因新增项目数量和规模较大，预计 30 万 ~35 万 t 的资源端供应增量仍可保证。需求端由于 2023 年全球经济增长压力大，且欧洲、中国新能源汽车的渗透率超过 20%，消费增速放缓，而在储能端则因锂电池成本过高，钠电池、铅酸电池等逐渐替代锂电池，而且，2022 年底产业内流通环节库存水平偏高，2023 年在价格下行区间产业链处于去库存阶段。综上分析，2023 年的消费端增量预计为 20 万 ~25 万 t LCE，市场出现供大于求的局面。2024 年，资源端增量仍保持较高增速，消费端则增速持稳，仍会继续延续锂供大于求的状态，价格有进一步下行回归的动力。

三、对于保障供应的政策建议

（一）加大调查评价及勘查力度

聚焦西藏、新疆、四川、陕西、江西等重点锂成矿带，在西藏拉果错盐湖等 14 个重点勘查区和四川甲基卡等 9 座矿山深部开展勘查工作，主攻花岗岩 – 伟晶岩型锂矿，兼顾盐湖卤水型和沉积黏土型锂矿。

（二）积极推动开发国内锂资源

加快国内锂资源矿权审批进程，加大锂资源开发项目中天然气等生产要素供应保障力度，加强江西锂云母矿开采矿渣消纳等技术攻关。充分利用国家重大专项等资金渠道，支持锂资源精细勘查、绿色开发、高值化利用等技术攻关，进一步提升锂资源开发技术水平。

（三）进一步加大境外锂资源获取力度

鼓励我国企业积极参与国外锂资源开采，支持矿山、运输等龙头企业"抱团出海"，加强优质基础设施建设和先进矿产资源开发技术的交流合作，建立多元化、多方式的锂资源供应体系。

（四）推动再生资源综合利用

研究制定再生锂资源及电池标准，推动境外优质再生锂资源合法合规进口，完善动力电池回收体系，推动建设再生资源回收集散地和产业集聚区，支持高效拆解、再生利用等技术攻关，不断提高废料的回收比率和资源的利用效率，降低对外依存度，进一步提升锂资源循环利用效率。

动力电池可靠性及安全性评价的难点及解决思路

方彦彦　方升　史冬　云凤玲　沈雪玲
国联汽车动力电池研究院有限责任公司

一、引言

随着全球资源短缺、环境污染、气候变化等问题的日益加剧，绿色发展已成为全球统一战略，世界主要发达国家依次宣布将在 21 世纪中叶实现碳中和。新能源汽车凭借其环保、用车成本低的优势，在政策的推动下迅速发展。我国新能源汽车产业经过十几年的发展，已经形成了一定的产业规模并取得很大的技术突破。动力电池作为新能源汽车的核心零部件，是新能源汽车产业发展的关键因素之一，动力电池产品综合性能的提升是增强我国新能源汽车全球竞争实力的有力支撑。伴随着产业的发展，行业对动力电池产品制造以及评价技术提出了更高的要求。

2016 年，工业和信息化部以"动力电池创新能力建设项目"支持国家级平台建立材料物理化学性能、电性能、循环性能、安全性能、可靠性能等评价能力，形成了国内第一家专业的动力电池国家级测试验证平台。该项目基于当时产业发展状况，顺利完成从无到有的评价能力建设，形成的评价技术和标准体系能够满足基本的动力电池评价和服务需求。

2020 年，基于国内外电动汽车安全事故总结并参考国内外标准，我国制定了首个动力电池强制性国家标准 GB 38031—2020《电动汽车用动力蓄电池安全要求》，强化了动力电池包及系统的安全可靠性，测试项目模拟了动力电池包或系统的实际应用场景，包含外部火烧、热扩散保护、模拟碰撞、挤压、湿热循环、浸水、温度冲击、盐雾、高海拔，以及过温、过电流、外部短路、过度充电、过度放电保护等安全测试，涵盖了热稳定性、机械安全性、环境安全性及功能安全性四个方面。GB 38032—2020《电动客车安全要求》标准中还规定电动客车动力电池系统必须通过加热触发热失控安全性试验。当前，我国动力电池安全标准已构建了本征安全、主动防护及被动防护三个层面的标准体系，覆盖了电池单体、模块、系统等全部产品层级，涵盖了可靠性及安全性等各个方面，尤其对于新产品的测试验证比较齐备。

基于强制标准的推行以及设计制造水平的提高，现有动力电池产品的安全性获得显著的提高。但是，随着电动汽车的占比提高以及使用年限的增加，每年报道的电动汽车自燃事件也依然在增加。2022 年国家应急管理部统计第一季度新能源汽车火灾共计 640 起，比 2021 年同期上升 32%。从自燃的原因看，除了明确的外部滥用，例如撞击破坏、浸水及过度充电保护失效等，无明确滥用条件的自燃事件也占有较大比例。这也带来了疑问：为什么通过了安全标准的电池产品在正常使用条件下依然存在热失控现象？

二、存在的问题

（一）应用场景模拟参量不合理

现行的动力电池安全标准主要基于滥用场景，通过确定性的可量化的外部条件输入获得评价结果。这种方式能够了解电池对滥用条件的承受程度以及热失控后的危害程度，结果可以预测和测量，重现性相对较好。其结果能否推向普遍的产品使用条件，取决于测试方法对使用场景的还原度。从这方面看，目前的测试方法与产品实际使用场景之间仍然存在差距。单就测试温度来讲，目前的温度并没有涵盖低温及高温情况，这与实际过程中存在的冬季低温和夏季高温不符。滥用测试中，挤压仅仅考虑电芯堆叠方向，对其他挤压方向未能进行评价。表征热稳定性的加热测试温度为130℃，此温度在电池包正常状态下是不会出现的，如果模拟电池包中有火源，该温度又过低。就电池系统而言，乘用电动汽车动力电池系统一般安装在车辆中部位置的底盘上，当前没有标准明确发生底盘磕碰事故时电池系统安全防护的要求。另外，测试评价多采用的是单一影响因素，但实际电池工作过程涉及多物理场耦合作用的影响，测试难以评估多因素耦合作用下电池的可靠性和安全性。

（二）无耐久性评估

当前的标准所采用的样品是新出厂的试样，但是动力电池在长期循环使用过程中，电池内部结构及组成持续发生变化，进而导致其安全边界在不断演变。例如，电池低温循环老化后，负极材料表面析锂的问题可以导致电池的热稳定性下降，动力电池运行中后期的热失控发生概率可能高于前期。目前的检测标准未能适用在用动力电池，尤其是中后期的电池。从电池系统的角度讲，其各结构零部件在长期使用后还能否保障各项主动保护功能及被动防护功能的实现，标准中也未做评价。

（三）安全事故的概率难以估量

除此之外，上述标准测试反映的是动力电池产品设计制造是否达到安全目的，但是对于这种设计制造是否在每个电池都实现以及在使用过程中的耐久性问题无法回答，对电池产品发生安全事故的概率无法回答，无法对随机不确定性带来的可靠性问题做出评价。电池设计及制造过程中引入的缺陷（杂质、毛刺及电池负极容量和正极容量比［N/P 比］等）以及使用过程中的析锂及材料变化（固体电解质界面［SEI］膜分解、正极过渡金属溶解、负极材料析锂以及产气等），在使用初期有时难以发现，在循环过度充电中，这些缺陷会逐步演化，最终可能演变为电池的内部短路，进而引发热失控。评价一款电池的安全失效概率与评价其制造及设计有效性应该是互补的关系，前者也是电池可靠安全性评价亟待解决的问题，需要从可靠性视角审视电池产品的安全问题。

三、解决思路

（一）优化环境条件参量及测试样本

动力电池可靠安全性评价，首先要定义好环境条件，包括正常工作条件及滥用条件，使得测试条件尽可能准确地模拟出真实场景。尤其是要考虑多因素耦合的作用。例如，汽车在行驶过程中电池会受到振动、放电功率及环境温湿度的影响，这三种影响因素作为单因素对电池的影响行业内都已分别进行了大量研究。六自由度振动台对动力电池影响的研究表明，振动会导致正极材料出现粉化现象、晶体混排程度增加、负极表面 SEI 膜增厚，加剧了活性锂离子的损失，宏观表现为电池内阻的持续增大。L.Somerville 等人开展了不同倍率充电的试验研究，研究结果表明，提高充电倍率会加速电池内阻增长和容量衰减。温湿度对电池影响的研究表明，在相对湿度为 95%、温度为 40℃的环境下存储 30 天，软包电池、方形铝壳电池和钢壳圆柱电池都遭受了不同程度的腐蚀。在模拟新能源汽车行驶过程中充放电的研究中发现，振动过程中充放电，电池内部活性粒子会因高频振动而分散移动，引起电导率下降、直流电阻增加，致使振动过程中的放电容量明显低于常规放电容量。这表明，多种因素同时作用于电池，可能对电池性能产生不利的影响。以上三个因素共同作用于电池的影响，目前未有测试标准。因此，需要研究各因素对动力电池机械可靠性和电性能影响的权重关系，获得动力电池评价的可量化指标，建立动力电池的多因素耦合评价测试规范体系。

除此之外，要基于全生命周期考量电池的安全性。滥用测试的样本应不局限于新电池，对于不同使用阶段及不同使用工况下的电池均要抽样进行安全滥用测试，尤其应重视使用末期及在较恶劣的环境中使用电池的安全性，以评估在全生命周期内，电池设计制造对滥用条件的耐受度及失控后引起的后果。

（二）建立动力电池健康状态评价技术

如果采用现有的基于条件确定结果可预测的滥用测试评估方式，即使环境条件及样本选择合理，也仅能评估电池设计制造的安全性，依然无法对电池产品安全问题发生的风险进行评估，对产品的可靠性无法做出判断。因此，需要建立新的评估方式对不同阶段电池的健康状态进行评估。

动力电池健康状态评价拟从锂离子电池实际工作过程中特征参数的演变规律（如容量衰减率、功率变化、循环周期、开路电压、内阻增长率、厚度变化率、熵变以及库伦效率等关键参数）出发，从试验方法、寿命预测模型以及仿真模型研究全生命周期内锂离子电池的健康状态（包括退役梯次利用期间）。此外，针对电池高频安全失效问题（金属异物、析锂、极片毛刺等）中电压、温度、气压、产气成分等特征参数进行实时识别，建立获取电池安全失效过程中多种特征参数的综合评价方法，探索各特征参数之间的时序关系，进而获得对电池在安全失效前特征预警信号的判定方法，达到对高频失效问题提前预警的目的，最终建立基于试验法和模型法的健康状态等级评价方法。

1. 新电池的健康状态评价

动力电池的健康状态（State of Health，SOH）是其使用过程中的重要考量指标之一，它表征动力电池的容量、充放电截止电压与电池内阻等性能指标随电池的老化所出现的变化。通过对电池 SOH 的监控，能够更加安全与合理地使用电池，并在电池的不同寿命阶段调整使用条件，通常，当电池容量衰退到 80%时，认为其达到了健康状态的终点。

在动力电池健康状态评价技术方面，北京交通大学的姜久春团队在锂离子电池健康状态表征参数体系的探究与健康状态量化估计方面进行了深入研究。该团队将容量和内阻作为表征电池健康状态的两个关键特征参数，且两个关键特征参数的应用与高功率或高能量密度电池的分类及应用场景关联，而电压、电流和温度等参数常用于对与容量相关性较强的外延特征参数进行分析。容量增量/差分电压（IC/DV）曲线上的某些特征参数（如峰高度、位置、面积及斜率等）被广泛用于建立电池的容量估计模型。Yang 等分析了库伦效率的差异对电池荷电状态（State of Charge，SOC）及容量衰减的影响，研究结果表明，库伦效率较低的电池具有更快的容量衰退速率。Shibagaki 等采用差热伏安法（Differential Thermal Voltammetry，DTV）曲线分析了磷酸铁锂电池的老化演变规律，通过峰的偏移探究其与内阻增长的相关性，从而分析与容量衰减的相关性。Cannarella 等通过测量电池的机械应力，建立了其与电池容量之间的关系，提出了电池的 SOC/SOH 估计模型。根据国内外研究进展，容量是表征电池健康状态特性的关键参数，但建立内、外在关键参数的特征联系，明确电池的真正健康状态，还有待进一步研究。

电池健康状态评价常用的方法还有模型法，利用模型仿真锂离子电池的内部结构及材料之间的相互作用关系或模拟锂离子电池的充放电行为。寿命预测模型一般是基于健康状态样本建立的外推模型。Santhanagopalan 等基于电化学机理模型，利用不同温度条件下锂离子电池的充放电数据，辨识获得能够反映锂离子电池容量衰减的特征参数（如活性材料质量和活性锂的含量），建立了特征参数的时序演变模型，实现了对锂离子电池的健康状态诊断和寿命预测。模型法相比于试验法而言，具有试验量少和周期短的优势，但是其预测精度受电池衰减机制的影响较大，对锂离子电池的意外失效预警能力不足。此外，单一的电化学模型存在复杂、计算量大等不足，限制了电化学机理模型的嵌入式应用。

国联汽车动力电池研究院前期针对高镍三元/硅氧碳体系软包锂离子电池，采用无损原位电化学评价技术，提取了关键特征参数，采用电池拆解后的电化学及物理化学等分析方法，研究了电池在不同充放电倍率和不同 SOC 下的寿命衰减机制，并在此基础上探讨寿命加速衰减的试验条件，明确了高镍三元/硅氧碳体系电池在不同循环条件下的衰减机制。通过对比不同循环条件性能衰减规律及内在机制，获得可用于高镍/硅氧碳体系电池寿命的加速衰减因子、范围及循环加速试验，进而建立了一种该体系高能量密度锂离子电池的快速寿命评价方法。

2. 电池故障及安全风险影响下的健康状态评价

目前国内外对电池安全性问题的研究主要集中在车辆电池管理系统（Battery Management System，BMS）故障预警以及云端大数据的车辆状态监测及预警。前者主要针对车辆使用过程中的电压、电流、温度以及一些车载传感器信息进行监测并与阈值对比进行预警，防止车辆突发故障。但此预警方法仅仅针对突发情况，通常距离事故发生时间很短，难以实现真正的预警。后者主要基于云端历史大数据，通过大数据处理及数据驱动算法等进行异常电池的筛选及故障预警，此预警方法主要基于温度、电压等数据的一致性偏差，采用分类方法等筛选出异常电池，但其准确性以及电池具体故障原因不易解释。正因如此，基于特征参数的电池渐进性故障早期预警方法的研究成为国内外市场及研究机构的研究重点。

由于电池具有电化学－热－力高度非线性系统这一特点，在使用及测试电池过程中采集的信息通常为时间尺度上的电压、电流、温度以及力等变量，而其内部变化以及故障无法直接获取，只能通过采集的电压、电流、温度等参数进行提取及辨识。基于对电池原理的理解，采用试验及特征参数提取相结合的方法成为研究电池内部变化及故障发展的主要手段。目前在此方面的研究国内与国外处于同一起跑线，研究水平相当。主要试验方法有倍率充放电测试、恒电流间歇滴定技术（GITT）测试、混合脉冲功率特性（HPPC）测试、混合工况测试等，数据信号提取及放大主要有容量电压微分曲线、电压差积分、内阻变化等方法，研究思路主要包括基于正负极电压平台不同 SOC 段的信号特性分析以及信号变化率分析等。尽管基于特征参数的电池渐进性故障早期预警方法能够在故障发生初期对故障电池进行筛选及预警，有发现时间早、故障类型清晰的优点，但其研究需要对电池系统有深入的理解。关键技术在于基于不同故障模式的机理，通过特定的试验手段以及信号特征的放大方法激发并提取关键的故障特征参数。但由于试验过程中无法测得电池内部温度，并不能准确揭示热失控扩展机理，无法定量分析热失控扩展发生的条件，以及热失控扩展的时间，难以进行精确的预警。同时，基于纯数值模拟方法的热失控预警模型需要较大的数据库进行支撑，难以准确地提取出电池热失控的特征参数并进一步形成热失控的预警方法。

针对新电池以及故障和安全风险影响下的电池健康状态的评价，现阶段产业已开展了大量研究工作，但评价体系仍不完善。因此，需要形成具有简单参数寿命试验方法、模拟仿真寿命预测方法和高频电池安全失效预警方法，输出动力电池行业全生命周期健康状态等级标准、故障预警特征参数以及判断标准库，提高产品寿命评价的精度和效率，实现高频失效安全问题的快速预警和识别。

（三）结合生产制造环节进行评估

上文已经提到，动力电池的生产环节引入的杂质及缺陷对于电池的可靠安全性具有显著影响。另外，生产的一致性与电池内阻、容量、温升、SOC 和老化程度又有强关联性。对于电池全生命周期的可靠安全性评估，应该加入对生产环节的评估考量。目前，各生产企业都采用自身的质量控制体系将一致性和电池缺陷控制在一定范围内，行业没有统一的标准和规范。2021年，工业和信息化部电子信息司修订了《锂离子电池行业规范条件（2021年本）》，提出了电池关键材料、电极涂覆、烘干、毛刺控制、注液环境控制，以及单体电池电压、电阻一致性控制精度等生产工艺和质量管理意见。对于制造工艺要求的参数，可以设计相关的试验，评估相应参数下电池的可靠安全性，形成最终的优化参数，作为后期可靠性评价的参考。

固态电池　路在何方

李泓

中国科学院物理研究所

固态电池技术已经成为目前世界上最受关注的电池技术。相比于传统商用液态电池，固态电池拥有更好的电化学性能、更高的安全性和更低的成本。本文主要讨论实现固态电池大规模量产可能的策略和路径。

尽管采用碳酸酯和 $LiPF_6$ 的液态电解质商用锂离子电池已经使用了30年，但仍存在电解液不断被氧化还原、SEI持续生长、产气、锂沉积和与电解液反应、电解液耗尽与泄漏、正极过渡金属溶解、表面结构重构、铝箔腐蚀与热失控等问题。此外，液态电解液电化学稳定性差，使得含Li的高容量负极和高电压正极很难使用，因此，发展液态电解质高能量密度电池较为困难。一般情况下，液态电解质锂离子电池由于电解液稳定性差且在55℃以上不能正常使用，人们期望采用固态电池替代液态电池，以实现本质安全、高能量密度、较长循环寿命与日历寿命、高运行温度与大容量电芯。基于此，固态电池成为世界上最受关注的技术。

固态电池包含全固态电解质电池和固液混合态电解质电池（图4.3）。1978年发展出的PEO基全固态电池，已经被 Bollore 和 SEEO 商用，然而由于室温离子电导率低，该电池一般只能在60℃以上的温度下工作。此外，由于材料的电化学稳定性差，PEO 基电池工作电压一般小于 4.0V。使用 LiFePO$_4$ 正极和 Li 负极的 PEO 基全固态电池能量密度低于 220W·h/kg。目前，具有较高室温离子电导率和高电化学稳定性的聚合物电解质尚未商业化验证成功。2011 年发现的具有高室温离子电导率的硫化物电解质是电池领域发展的一个历史性突破，该电解质的发现促进了全固态电池的发展。然而，硫化物电解质对水敏感、高成本、低化学/电化学稳定性以及高界面阻抗的特点导致其综合性能不如商用液态电解质锂离子电池。此外，硫化物电解质热稳定性较差。因此，至今仍很难实现室温下同时具备高能量密度、快速充电性能、较高循环寿命与安全性的硫化物全固态电池。

为了能够大规模生产与应用，相对于目前的商用电池，固态电池应当具备更优的电化学性能、更高的安全性以及更低的成本。动力和储能电池应该能在较宽温度范围内运行，以及拥有较高的能量转化效率，固态电池的生产过程也应当具有与已商用的电池相当的生产效率。目前，一条商用液态电解质锂离子电池生产线每年的产能是 2~4GW·h，因此，固态电池如果意欲获得较高的市场占有率，则必须发展出能支持高质量和高速生产的固态电池生产设备。

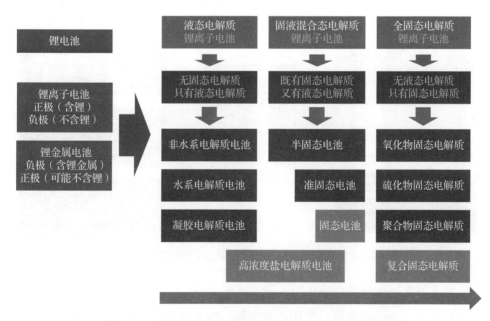

图 4.3　从电解质角度对锂离子电池和锂金属电池进行分类

既然由液态电池发展到全固态电池需要很长的研究时间，那么固态电池路在何方？是否有可能发展一种中间态电池技术——混合固液电解质电池？两个重要研究进展支撑了该设想的可行性。其一，Yoshima 等人报道了使用包含 4% 聚丙烯腈（PAN）基的混合 $Li_7La_3Zr_2O_{12}$ 粒子的溶胶聚合物作为薄的电解质层，并与 $LiMn_{0.8}Fe_{0.2}PO_4/Li_4Ti_5O_{12}$ 制成电池，可以实现室温 20℃下 75% 容量保持率；其二，有学者提出了开发 $Li_{1.5}Al_{0.5}Ge_{1.5}(PO_4)_3$ 包覆隔膜，同时结合原位电化学反应覆盖一层固体电解质层（图 4.4）的设想，后来基于此设想，进一步发展了原位固态化技术，核心概念是使用化学或者电化学反应将电解液全部或者部分转化为固体电解质并使其保持原子层次接触。考虑到液态电解液可以与正负极或者隔膜表面形成原子层级的接触，利用化学和电化学方法在电池中将液态电解液转化为固态电解质，就可以成为一个有效解决固－固接触问题的重要技术途径。当所有的液态电解液转化为固态电解质相时，初始态为混合固液电解质的电池便转化为全固态电池。由于利用原位固态化技术发展的固态电池可以使用与目前商用电池相似的生产设备，因此有利于大规模应用。

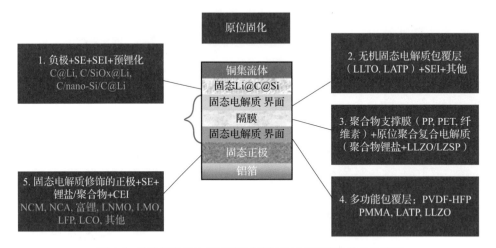

图 4.4　原位固态化技术制备混合固液和全固态电池的总体策略

在混合固液电解质电池中引入固态电解质有以下 5 种实施路径：在电极颗粒包覆超薄固态电解质层；使用固态电解质纳米粒子填充隔膜和电极孔隙；在电极包覆和干燥过程将电解液转化为固态电解质；电池注入液态电解液后将其

转化为固态电解质；利用电化学反应在化成、老化和循环过程将液态电解液转化为固态电解质。

随着混合固液电解质电池技术路线被广泛接受，以及原位固态化技术的发展，实用的全固态电池技术方向也在不断明朗。基于前期工作基础及对技术体系的认识，有两类固体电解质可以作为选择用于全固态电池：一类是氧化物电解质和类聚合物电解质，另一类是硫化物电解质和类聚合物电解质。类聚合物电解质可以原位生成或者预先直接混合，其中的无机固态电解质以纳米粒子形式存在。

针对固态电池的大规模生产及商业应用，发展固态电池的综合策略可以从以下 8 点考虑。

1）在电芯中采用不止一种离子导体。不同于已经商用的液态电池，固态电池在正极、隔膜和负极里的电解质可以不同，而电极中的电解质相可以是混合离子导体，不一定是纯离子导体。

2）在界面形成离子传输路径。考虑到连续的体相传输比较困难，多孔粉末电极包含较高的界面 / 体积比，界面的离子传输是混合固液和全固态电池中必不可少的。一般期望固态电解质有超过 1 mS/cm 的体相离子电导率，但这不应该是筛选固体电解质的唯一要求，设计同时拥有高体相和界面相离子传输能力的复合电极是一个实际的考虑。

3）为了避免循环过程中正负极膨胀和收缩导致的界面离子接触逐渐变差的问题，在电极粒子表面生成具有弹性的离子导体界面成为合理的选择。可采用的策略包括原位固态化技术或者使用熔融盐、混合聚合物电解质。

4）使用离子或者混合离子导体来包覆正极颗粒。考虑到聚合物和硫化物可能在 4.2 V vs. Li$^+$/Li$^{\ominus}$ 电压以上氧化，需要阻止电化学氧化反应及抑制低稳定电极表面释放氧气，有效的表面包覆是重要的策略。

5）研发新的无机 – 聚合物复合离子导体膜作为隔膜。为了大规模生产和应用，应当同时考虑隔膜的机械强度、离子电导率、厚度控制、热稳定性、水分控制、电化学稳定性、抑制锂枝晶和内部短路。因此，单纯的无机粒子膜或纯聚合物膜很难同时满足以上所有要求。在多孔聚合物基体上通过原位固态化

　㊀　vs. Li$^+$/Li 表示电极相对于金属锂电极的电位。

形成具有高稳定性的离子导体膜更有实用性，而对于隔膜而言，如果能同时引导负极与隔膜之间的界面沉积，隔膜的综合性能将得到进一步提升。

6）控制膨胀。在高能量密度的固态电池中，颗粒、电极和电池会发生显著的体积膨胀。因此，稳定的电极主体结构、预锂化、高性能黏结剂和多孔电极结构等控制体积膨胀的技术变得尤为重要。

7）发展新工艺技术。干法电极、厚电极、预锂化、界面热复合技术、固态化技术和多层包覆技术是发展大规模混合固液电池和全固态电池重要的技术。

8）引入固体电解质来增强安全性。在电池层面通过多种方法使用固体电解质可以显著提高电池的安全性。当然，混合固液和全固态电池的安全性需要系统地评估。

混合固液电解质电池和全固态电池在全世界被广泛关注。我国将在2023年实现GW·h级的电动汽车混合固液电解质锂离子电池的商业化。如果本文提到的技术策略能不断发展并得到验证，则最早在2026年后，GW·h级的全固态电池将有望商业化。从能量密度与安全性综合考虑，使用不同材料体系的电动汽车与储能体系的电池技术路线如图4.5所示。

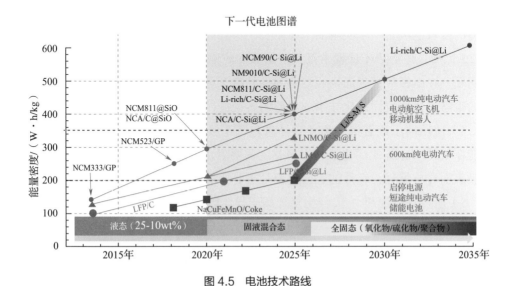

图4.5　电池技术路线

车用钠离子电池技术进展

胡勇胜 [1,2] 陆雅翔 [1]

1. 中国科学院物理研究所

2. 中科海钠科技有限责任公司

一、钠离子电池技术特征

钠离子电池的工作原理与锂离子电池类似，为"摇椅式电池"模型，这一概念于 1979 年由法国 M. Armand 提出。一个完整的钠离子电池主要包含电极材料（正极和负极材料）、电解质（液态或固态）、隔膜、集流体，以及电池循环过程中在正负极材料颗粒表面上形成的固体电解质界面膜。其中，电极材料通常选取具有较高离子和电子电导率的材料；电解质普遍选取具有优异钠离子传导性的物质；隔膜材料一般为可导通离子的电子绝缘材料；集流体可以选用不与钠形成合金的铝箔。

相比锂资源而言，钠储量十分丰富，约占地壳储量的 2.64%，且分布广泛、提炼简单，各个国家都可以采用海水制备钠盐，资源分布均匀。钠离子化合物可获取性强，因此价格稳定且低廉，约 250 元 /t，为电池级碳酸锂价格的 1/50，且在可预计的未来价格稳定。除了锂资源的问题，不同于锂离子电池中常用的元素，如钴、镍等在地壳中的储量比较低，钠离子电池中常用的元素，如铁、锰、铝（正负极集流体）在地壳中的储量相对较高。这些特点有助于降低钠离子电池的材料成本，同时使其规模化生产不受地理因素的限制，有利于大规模储能应用的推广。

随着研究的不断深入，研究者们挖掘出了更多钠离子电池的潜在优势，这些优势将赋予钠离子电池更多的特性，使其在未来市场竞争中占据有利地位。图 4.6 总结了钠离子电池的一些优势⊖：①钠资源储量丰富、分布广泛、成本低

⊖ 胡勇胜，陆雅翔，陈立泉，《钠离子电池科学与技术》，北京：科学出版社，2020。

廉，无发展瓶颈；②钠离子电池与锂离子电池的工作原理相似，可兼容锂离子电池现有的生产设备；③钠与铝在低电位不发生合金化反应，钠离子电池正极和负极的集流体均可使用廉价的铝箔，进一步降低成本且无过放电问题；④可构造双极性钠离子电池，即在同一张铝箔两侧分别涂布正极和负极材料，将极片在固体电解质的隔离下进行周期性堆叠，可在单体电池中实现更高电压，同时节约其他非活性材料以提高体积能量密度；⑤钠离子的溶剂化能比锂离子的更低，具有更好的界面离子扩散能力；⑥钠离子的斯托克斯（Stokes）直径比锂离子的小，更低浓度的钠盐电解液具有较高的离子电导率，可以使用低盐浓度电解液；⑦钠离子电池具有优异的倍率性能和高、低温性能；⑧钠离子电池在安全性测试中不起火、不爆炸，安全性能好。

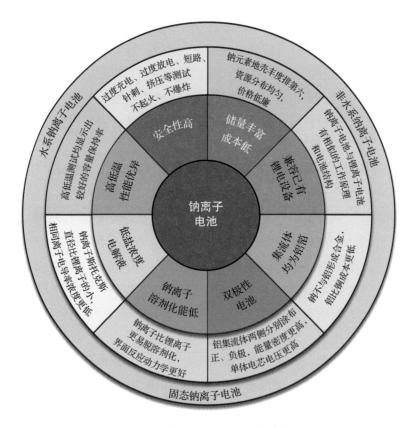

图 4.6　钠离子电池的优势

二、钠离子电池基础研究进展

在 Web of Science 网站以"Na batteries"为关键词并限制发表年份为 2022—2023 年，共检索到研究论文 2696 篇（我国 1703 篇，排名第一），保持了持续增长的态势。

电极材料方面，中国科学院物理研究所胡勇胜团队在 2019 年率先报道了在一类高熵层状氧化物正极材料的基础上，选取具有充足氧化还原电对和成本较低的 O_3–$NaNi_{0.4}Fe_{0.2}Mn_{0.4}O_2$（NFM424）正极材料为模型，通过对其中的二价镍和四价锰进行元素替代构建了结构稳定的长寿命 O3 型高熵层状氧化物 $NaNi_{0.25}Mg_{0.05}Cu_{0.1}Fe_{0.2}Mn_{0.2}Ti_{0.1}Sn_{0.1}O_2$[一]，并发现了氧变价 $P3$–$Na_{0.6}Li_{0.2}Mn_{0.8}O_2$ 正极材料中的拓扑保护机制[二]；厦门大学孙世刚团队通过构型熵和离子扩散结构调控实现了稳定的 $P2$–$Na_{0.62}Mn_{0.67}Ni_{0.23}Cu_{0.05}Mg_{0.07}Ti_{0.01}O_2$ 型层状正极材料，该材料表现出优异的快速充电能力和长循环稳定性[三]；上海大学赵玉峰团队提出了一种高钠 P2 型层状正极材料，通过微量 Nb 掺杂构建了富 Nb 表面重构，倍率性能、循环稳定性以及低温性能得到大幅提高[四]；俄罗斯斯科尔科沃科学技术研究所 Stanislav S. Fedotov 团队提出了一种简单、高效的合成方法，制备了超过其他 V 基正极材料能量密度的 NaVPO4F 正极材料[五]；中国科学院物理研究所胡勇

［一］ Ding, F.; Zhao, C.; Xiao, D.; Rong, X.; Wang, H.; Li, Y.; Yang, Y.; Lu, Y.; Hu, Y. S., Using High-Entropy Configuration Strategy to Design Na-Ion Layered Oxide Cathodes with Superior Electrochemical Performance and Thermal Stability. J Am Chem Soc 2022, 144 (18), 8286-8295.

［二］ Gao, A.; Zhang, Q.; Li, X.; Shang, T.; Tang, Z.; Lu, X.; Luo, Y.; Ding, J.; Kan, W. H.; Chen, H.; et al. Topologically Protected Oxygen Redox in a Layered Manganese Oxide Cathode for Sustainable Batteries. Nature Sustain. 2022, 5 (3), 214–224.

［三］ Fu, F.; Liu, X.; Fu, X.; Chen, H.; Huang, L.; Fan, J.; Le, J.; Wang, Q.; Yang, W.; Ren, Y.; Amine, K.; Sun, S. G.; Xu, G. L., Entropy and crystal-facet modulation of P2-type layered cathodes for long-lasting sodium-based batteries. Nature Commun 2022, 13 (1), 2826.

［四］ Shi, Q.; Qi, R.; Feng, X.; Wang, J.; Li, Y.; Yao, Z.; Wang, X.; Li, Q.; Lu, X.; Zhang, J.; Zhao, Y., Niobium-doped layered cathode material for high-power and low-temperature sodium-ion batteries. Nature Commun 2022, 13 (1), 3205.

［五］ Shraer, S. D.; Luchinin, N. D.; Trussov, I. A.; Aksyonov, D. A.; Morozov, A. V.; Ryazantsev, S. V.; Iarchuk, A. R.; Morozova, P. A.; Nikitina, V. A.; Stevenson, K. J.; Antipov, E. V.; Abakumov, A. M.; Fedotov, S. S., Development of vanadium-based polyanion positive electrode active materials for high-voltage sodium-based batteries. Nature Commun 2022, 13 (1), 4097.

胜团队报道了一种杂原子掺杂的"斜坡型"碳基负极，兼顾了高斜坡容量和高首周库仑效率[⊖]。

固态电解质方面，美国休斯敦大学姚彦团队合成了一种兼具硫化物和氧化物固体电解质优点的新型硫氧化物玻璃固体电解质，组装的 Na–S 全电池的能量密度超过800W·h/kg[⊜]；澳大利亚迪肯大学 Maria Forsyth 团队开发了一种高离子电导率、高迁移数、耐高压的全氟聚醚嵌段固态电解质[⊝]和一种高离子电导率和高迁移数新型盐包聚合物电解质[⊞]；中国科学院物理研究所胡勇胜团队报道了一种高电压新型聚合物电解质[⊕]和兼顾高机械强度与高离子电导率的高熵聚合物电解质[⊗]。

电池技术方面，中国科学院物理研究所胡勇胜团队通过协同调控集流体/钠、钠/电解液（SEI）和电解液/正极（CEI）三重界面，开发了能量密度超过 200 W·h/kg 的无负极 A·h 级钠电池[⊕]。

三、钠离子电池技术进展

现阶段钠离子电池关键技术主要包括材料设计与规模制造、电芯制造、

⊖ Xie, F.; Niu, Y.; Zhang, Q.; Guo, Z.; Hu, Z.; Zhou, Q.; Xu, Z.; Li, Y.; Yan, R.; Lu, Y.; Titirici, M. M.; Hu, Y. S., Screening Heteroatom Configurations for Reversible Sloping Capacity Promises High-Power Na-Ion Batteries. Angew Chem Int Ed Engl 2022, 61 (11), e202116394.

⊜ Chi, X.; Zhang, Y.; Hao, F.; Kmiec, S.; Dong, H.; Xu, R.; Zhao, K.; Ai, Q.; Terlier, T.; Wang, L.; Zhao, L.; Guo, L.; Lou, J.; Xin, H. L.; Martin, S. W.; Yao, Y., An electrochemically stable homogeneous glassy electrolyte formed at room temperature for all-solid-state sodium batteries. Nature Communications 2022, 13 (1), 2854.

⊝ Wang, X.; Zhang, C.; Sawczyk, M.; Sun, J.; Yuan, Q.; Chen, F.; Mendes, T. C.; Howlett, P. C.; Fu, C.; Wang, Y.; Tan, X.; Searles, D. J.; Král, P.; Hawker, C. J.; Whittaker, A. K.; Forsyth, M., Ultra-stable all-solid-state sodium metal batteries enabled by perfluoropolyether-based electrolytes. Nature materials 2022, 21 (9), 1057-1065.

⊞ Chen, F.; Wang, X.; Armand, M.; Forsyth, M., Cationic polymer-in-salt electrolytes for fast metal ion conduction and solid-state battery applications. Nature materials 2022, 21 (10), 1175-1182.

⊕ Su, Y.; Rong, X.; Gao, A.; Liu, Y.; Li, J.; Mao, M.; Qi, X.; Chai, G.; Zhang, Q.; Suo, L.; et al. Rational Design of a Topological Polymeric Solid Electrolyte for High-Performance All-Solid-State Alkali Metal Batteries. Nature Commun. 2022, 13, 4181.

⊗ Su, Y.; Rong, X.; Li, H.; Huang, X.; Chen, L.; Liu, B.; Hu, Y. High-Entropy Microdomain Interlocking Polymer Electrolytes for Advanced All-Solid-State Battery Chemistries. Adv. Mater. 2022, 2209402.

⊕ Li, Y.; Zhou, Q.; Weng, S.; Ding, F.; Qi, X.; Lu, J.; Li, Y.; Zhang, X.; Rong, X.; Lu, Y.; Wang, X.; Xiao, R.; Li, H.; Huang, X.; Chen, L.; Hu, Y.-S., Interfacial engineering to achieve an energy density of over 200 Wh kg-1 in sodium batteries. Nature Energy 2022, 7 (6), 511-519.

成组技术，电芯技术可借鉴锂离子电池的经验，目前的关键仍在于材料。钠离子补偿、电池管理、寿命预测等技术还有待开发。

钠离子电池的正极材料主要包括三条技术路线，其中，层状氧化物相关量产技术已基本攻克，其工艺流程和设备与锂电三元材料相似，材料一致性好、性能稳定，是量产的首选方案；普鲁士蓝是初期的热门路线，但由于其结晶水去除困难，相关制备技术仍在攻克；聚阴离子正极目前主要包括钒基和铁基路线，但普遍可用容量在 120mA·h/g 左右，相关基础研究和量产技术还在开发。

钠离子电池的负极材料目前主要以碳基负极最接近产业化，合金类、金属氧化物和硫化物类负极还在开发。碳基负极一般分为硬碳和软碳，硬碳比容量较高，但是一般采用生物质前驱体，产碳率低，成本和规模化尚存劣势；软碳比容量较低，前驱体一般采用煤、沥青、石油焦等，产碳率较高，具备成本优势。

钠离子电池的电解液溶剂基本和锂离子电池保持一致，钠盐主要分为无机钠盐（$NaPF_6$ 为主）和有机钠盐（NaFSI 和 NaTFSI）。$NaPF_6$ 的合成工艺与 $LiPF_6$ 类似，可用现成的生产线量产，是最具产业化前景的钠盐，但热稳定性欠佳；NaFSI 电导率高，但电化学窗口窄；NaTFSI 热稳定性好，但需高浓度以避免腐蚀集流体。

四、钠离子电池产业发展现状

全球致力于钠离子电池研发的企业包括英国 Faradion、法国 Timat、美国 Natron Energy、日本岸田化学公司等。自 2017 年我国首家致力于钠离子电池研发的中科海钠科技有限公司成立以来，钠创新能源、星空钠电等公司相继成立$^{\ominus}$。近年来，许多初创公司也都在进行钠离子电池产业化的相关布局。同时，大量传统锂电池企业及研究机构也正在进行钠离子电池技术研究及产业布局（表 4.5）。由此可见，钠离子电池已成为世界各国竞相发展的储能技术。

$\ominus$ Usiskin, R.; Lu, Y.; Popovic, J.; Law, M.; Balaya, P.; Hu, Y.-S.; Maier, J., Fundamentals, status and promise of sodium-based batteries. Nature Reviews Materials 2021, 6 (11), 1020-1035.

表 4.5　我国钠离子电池产业发展现状

产业链	企业名称	说　明
专注于钠离子电池材料与电芯的企业	中科海钠	2017 年成立，开发氧化物正极材料、碳负极材料和电芯
	钠创新能源	2018 年成立，开发氧化物正极材料
	星空钠电	2018 年成立，开发普鲁士蓝正极材料、负极材料和电芯
	众钠能源	2021 年成立，开发硫酸盐正极材料
	超钠新能源	2021 年成立
	上海璞钠能源科技有限公司	2022 年在上海金山区开始开发磷酸盐正极材料和电芯
	深圳珈钠能源	2022 年成立
锂离子电池企业布局钠离子电池	宁德时代	2021 年 7 月 29 日发布钠离子电池技术
	容百科技	2020 年开始钠离子正极材料小试
	振华新材料	2022 年开始建设钠离子正极材料万吨级生产线
	璞泰来	已积极进行钠离子电池负极材料的相关研发和布局工作
	翔丰华	针对钠离子电池开发了高性能硬碳负极材料，目前正在相关客户测试中
	多氟多	2018 年开始钠离子电池电解质 $NaPF_6$ 小试
	鹏辉能源	2021 年公司已经做出钠离子电池样品（采用磷酸盐类钠正极与硬碳体系负极），同年 6 月进行中试
	欣旺达	拥有钠离子电池补钠的方法、钠离子电池及其制备方法等多项专利

　　层状金属氧化物因其制造方法简单，具有较高的比容量特点，受到研究者的青睐。英国 Faradion 公司较早开展钠离子电池技术的开发及产业化工作，推出镍基层状氧化物类正极（$Na_aNi_{(1-x-y-z)}Mn_xMg_yTi_zO_2$）的钠离子电池，质量能量密度达到 140W·h/kg，电池平均工作电压为 3.2V，在 80% 放电深度（Depth of Discharge，DOD）下的循环寿命预测可超过 1000 次，2021 年年底被印度信实工业公司以 1 亿英镑收购。钠创新能源有限公司制备的 $Na[Ni_{1/3}Fe_{1/3}Mn_{1/3}]O_2$ 三元层状氧化物体系的钠离子软包电池比能量为 100~120W·h/kg，循环寿命达 2500 次。中国科学院物理研究所于 2011 年开始从事低成本、安全环保、高性能钠离子电池的研究与技术开发，研制出铜基层状氧化物正极材料和无烟煤基负极材料，目前已经在正极、负极、电解质、黏结剂等关键材料方面申请了 80 余项发明专利（包括多项美国、日本、欧盟专利）。2015 年开始试制钠

离子软包电池，之后持续推进工程化进程，并于 2015 年年底实现了 10kg 级电极材料试制，2016 年实现了钠离子电池软包电池和圆柱电池的小批量制造。在发现和解决实际生产中所面临问题的过程中，进一步加深了对钠离子电池性能的理解并积累了一些前期研制经验。2017 年 2 月，致力于开发低成本、高性能钠离子电池的北京中科海钠有限责任公司成立，有序推进关键材料放大制备和生产、电芯设计和研制、模块化集成与管理，已建成钠离子电池正负极材料百吨级中试线及 MW·h 级电芯线，研制出软包、铝壳及圆柱电芯。研制出的钠离子电池比能量超过 140W·h/kg，平均工作电压 3.1 V，首周充放电效率达到 86.5%；55℃放电容量保持率为 99.1%，−20℃放电容量保持率为 88.3%，高、低温放电性能良好；5C/5C 倍率容量是 1C/1C 倍率的 90.2%，倍率性能优异；满电状态电芯 60℃存储 7 天，荷电保持率为 91.6%，荷电恢复率为 99.4%；满电状态电芯 85℃存储 3 天，荷电保持率为 93.9%，荷电恢复率为 99.9%；在 2C/2C 倍率下循环 4500 次后容量保持率为 83%，循环性能优异。通过了一系列针刺、挤压、短路、过度充电、过度放电等适用于锂离子电池的安全测试，安全性能满足 GB/T 31485—2015《电动汽车用动力蓄电池安全要求及试验方法》要求。2017 年年底，研制出钠离子电池（48V，10A·h）驱动的电动自行车；2018 年 6 月，推出了全球首辆钠离子电池（72V，80A·h）驱动的低速电动汽车；2019 年 3 月，发布了世界首个 30kW/100kW·h 钠离子电池储能电站；2021 年 6 月，推出了全球首座 1MW·h 钠离子电池储能系统[⊖]，2022 年以中科海钠为代表的我国钠离子电池企业开始陆续投放正负极材料千吨级、1GW·h 电芯生产线，中长期规划产能超过 100GW·h，在全球范围内率先实现了钠离子电池材料和电芯的量产，钠离子电池产业化元年正式开启。2023 年，中科海钠在"第二届全国钠电池研讨会"上发布了圆柱、方形三款钠离子电芯，与思皓新能源联合打造的行业首辆钠离子电池试验车公开亮相。此外，在钠离子电池产品研发制造、标准制定以及市场推广应用等方面的工作正在全面展开，钠离子电池即将进入商业化应用阶段，相关工作已经走在世界前列。

⊖ 容晓晖，陆雅翔，戚兴国，周权，孔维和，唐堃，陈立泉，胡勇胜，《钠离子电池：从基础研究到工程化探索》，《储能科学与技术》2020 年 9（2）期，第 515—522 页。

聚阴离子型材料具有开放的框架，使其具有开阔的钠离子扩散通道和较高的工作电压，同时，较强的共价键使得材料的热稳定性较好，以及在高电压时的抗氧化性好。目前研究比较多的聚阴离子型材料主要有磷酸盐、氟磷酸盐和硫酸盐等。法国 Tiamat 公司以氟磷酸钒钠类（$Na_{3+x}V_2(PO_4)_2F_3$）正极为体系的 1A·h 钠离子 18650 原型电池的工作电压达到 3.7V，质量能量密度为 90W·h/kg，1C 倍率下的循环寿命达到了 4000 次，但是其材料电子电导率偏低，需进行碳包覆及纳米化，且压实密度低。

普鲁士蓝的框架结构可以使钠离子快速地嵌入和脱出，具有很好的结构稳定性和倍率性能。但是目前其商业化应用仍然存在一些问题，最主要的问题是结晶水和空位的存在会对材料的性能产生影响。结晶水会阻碍钠离子的扩散，而且水会分解使得电池的电化学性能进一步降低；空位则会导致材料的电子传导性变差和晶体框架在循环过程中的坍塌，因此，规模化生产目前还面临较大难度。美国 Natron Energy 公司采用普鲁士蓝材料开发的高倍率水系钠离子电池，2C 倍率下的循环寿命达到了 10000 次，其体积能量密度仅为 50W·h/L。我国辽宁星空钠电电池公司开发了 $Na_xFeFe(CN)_6$ 普鲁士蓝类正极钠离子电池，正极材料在 0.1C 下有约 116mA·h/g 的比容量，循环 1000 次后容量保持率为 78%，但目前还没有相关的电池数据报道。

此外，锂电池巨头宁德时代在 2022 年的发布会上宣称他们正在积极推动钠离子电池进入产业化的快速通道。2021 年 7 月 29 日，宁德时代举办首场线上发布会，董事长曾毓群博士发布了宁德时代的第一代钠离子电池，其电芯单体能量密度高达 160W·h/kg，但没有发布循环性能数据。常温下充电 15min，电量可达 80% 以上；在 −20℃低温环境中，也拥有 90% 以上的放电保持率；系统集成效率可达 80% 以上；在热稳定方面，钠离子电池远超国家标准的水平。在电池系统集成方面，宁德时代开发了 AB 电池解决方案，将钠离子电池与锂离子电池同时集成到同一个电池系统里，两种电池按一定的比例和排列进行混搭、串联、并联、集成，通过 BMS 的精准算法进行不同电池体系的均衡控制，实现取长补短，既弥补了钠离子电池在现阶段的能量密度短板，也发挥出了它高功率、低温性能好的优势，这样的锂－钠电池系统将能适配更多应用场景。

五、钠离子电池成本分析

基于钠离子电池和锂离子电池相似的工作原理、结构和生产制造工艺等，二者的成本结构也基本相同，主要包括原材料成本、制造成本（包括人工、厂房、设备、能源、质量、环境成本等）、管理费用及资金使用成本等。根据测算，以 NaCP10/64/165 软包电池为例，其大致成本构成中原材料占比约为 60%，其余成本占比约为 40%。在原材料成本中，正极、负极材料（包括导电剂、黏结剂和铝箔）、电解液和隔膜分别占比约 32%、10%、18% 和 15%，包括外壳组件、极耳等其他装配部件占比 25%。钠离子电池与锂离子电池成本对比如图 4.7 所示。

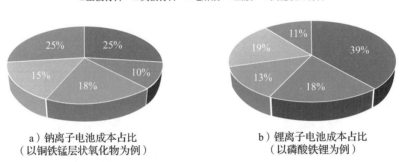

■正极材料 ■负极材料 ■电解液 隔膜 ■其他装配物料

a）钠离子电池成本占比
（以铜铁锰层状氧化物为例）

b）锂离子电池成本占比
（以磷酸铁锂为例）

图 4.7　钠离子电池与锂离子电池成本对比

现阶段钠离子电池成本在 0.6~0.8 元区间，材料成本相对于锂离子电池下降 30%~40%（图 4.8），主要通过替换锂元素降低成本（正极和电解液），通过无烟煤降低负极成本，同时，替换掉负极的铜箔之后，成本能有进一步降低。由于现阶段供应链不完整，且生产工艺有待提升，样品成本为 0.6~0.8 元 /W·h。

具体来看，磷酸铁锂电池的行业平均成本为 0.65 元 /W·h，宁德时代 CTP 磷酸铁锂电池包的成本为 0.57 元 /W·h。铅酸电池在考虑了电池回收的情况下成本为 0.2 元 /W·h，虽然生产成本低，但循环次数是磷酸铁锂的近 1/10，因此，设备度电成本反倒更高，铅酸电池的循环次数低已经使其不具有成为大规模电化学储能电池的条件。而钠离子电池目前处于推广期的成本为

0.5~0.7 元 /W·h，随着技术发展和商业化、规模化提高，有继续降低的空间。据测算，钠离子电池到达发展期的成本为 0.3~0.5 元 /W·h；达到成熟期的成本为 0.3 元 /W·h 以下。

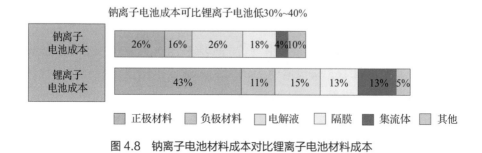

图 4.8　钠离子电池材料成本对比锂离子电池材料成本

六、车用钠离子电池发展趋势

虽然钠离子电池在容量、能量密度等方面不及锂离子电池，但由于其成本低廉，倍率性能、高低温性能良好，安全性较高并且环境友好等优势，可以率先应用在除规模储能领域以外的微型电动车、混合动力汽车、农业机械等多个领域。微型电动车包括电动自行车、电动三轮车、景区观光车、四轮微型电动汽车等。据统计，国内现有电动自行车的保有量已达三亿辆，若再加上其他类型的微型电动车，整个市场规模可达千亿元。钠离子电池的应用除了可以和锂离子电池形成良好的互补，缓解锂资源紧张的现状，还可以逐步替代铅酸电池，减小环境污染。中科海钠发布的三款钠离子电芯能量密度为 140~155W·h/kg，平均电压 3.1V，循环寿命可达 2000~6000 次，均可用于电动车领域（图 4.9）。中科海钠与思皓新能源联合打造的 A00 级新能源汽车思皓花仙子首次应用基于蜂窝电池技术的钠离子电池包，该款车的续驶里程为 252km，电池容量为 25kW·h，快速充电时间为 15~20min（图 4.10）。与锂离子电池相比，钠离子电池的能量密度已接近于磷酸铁锂电池 120~180W·h/kg 的水平，从长期发展空间来看，钠离子电池的能量密度提升及成本降低均具有较大挖掘空间，未来，在能量密度要求不高的短续驶里程电动汽车领域具备挑战磷酸铁锂电池的潜力。

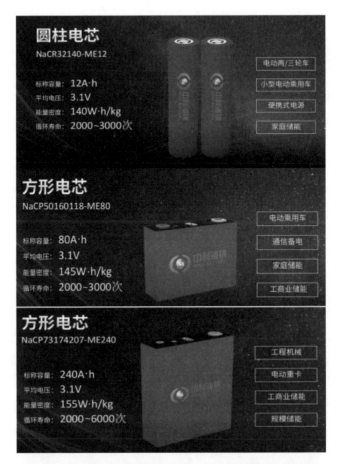

图 4.9　中科海钠科技有限公司推出的三款钠离子电芯产品

图 4.10　行业首辆钠离子电池 A00 级新能源汽车公开亮相

七、展望与建议

钠离子电池应用领域从瓦·时（W·h）到兆瓦·时（MW·h），乃至吉瓦·时（GW·h）的跨越，必然会带动钠离子电池正、负极材料能量密度的跨越式提升，电解质体系的更新换代以及钠离子电池包技术的开发和电池管理系统的开发。

电解质体系的技术路线可以分为两条，其一是对现有电解液进行更多功能性的开发，以满足在不同应用场景下电解液需要高电压、长循环、高倍率、耐高低温、阻燃等需求。其二是开发新型钠离子固体电解质，进一步提高钠离子电导率，并解决固 – 固界面难题；引入双极性电池技术，实现能量密度再突破。

在钠离子电池模组方面的技术路线应重点解决钠离子电池在能量密度上的相对劣势，借鉴锂离子电池包的技术手段开发钠离子电池无模组电池包（CTP）技术，并结合钠离子电池正负极集流体均可采用铝箔做成双极性电池的特点，将电池包成组效率提升到极致，同时也进一步发挥钠离子电池的低成本优势；而在电池管理系统的开发方面，可在一些相对成熟的材料体系中针对钠离子电池的特性进行专门的开发，以进一步提升电池组整体寿命以及安全性。

未来，钠、锂技术会共存互补，共同支撑起庞大的动力及储能市场。能源转型与国家崛起之间互为正向关系，在能源革命领域，我国政府有必要加以引导与推动，将会形成以中国为核心的全球新能源产业体系。为抓住稍纵即逝的历史性机遇，提出发展钠离子电池的建议如下。

1）完善政策支持体系，将钠离子电池纳入国家和地方中长期能源发展规划和重点科技支持计划中，促进建立政、产、学、研协同的创新体系。

2）优先支持部分性能优异的钠离子电池产品进入国家或地方电池类产品目录，尽快推动钠离子电池的市场化应用。

3）把钠离子电池纳入免征消费税的范畴之内。对于已经征收的钠离子电池消费税，进行酌情退税或者其他形式的补贴，以进一步鼓励和激发钠离子电池的技术创新，以及重点领域的先试先行。

4）尽快推动钠离子电池国家标准建立并引领国际标准，统一并规范钠离子电池产品的技术要求并作为行业准入门槛，提高我国在钠离子电池产业的国际竞争力，促进整个钠离子电池产业链的健康和可持续发展。

5）对于初期进入市场的钠离子电池产品或企业给予一定的扶持或补贴，从国家层面引导相关产业的长远规划和发展。

6）加强顶尖人才的培养和引进，建设钠离子电池基础研究和应用开发的国家级平台，例如作为重要方向纳入相关国家重点实验室，快速推动钠离子电池技术不断迭代升级。

7）搭建国际交流平台，从各类权威渠道大力加强对钠离子电池技术和产品的推广宣传，引导人类全面了解和接受钠离子电池产品，使其快速融入人们的日常生活当中。

钠离子电池即将进入商业化应用阶段，相关工作已经走在世界前列。加速钠离子电池的发展，需要从理论、材料、器件和系统等多个方面进行持续的创新性研究，更加注重基础理论的突破、材料数据库的建立、新材料体系的设计、新技术工艺的开发，为钠离子电池率先在我国实现应用做好充分准备。希望我国政府能够高度重视钠离子电池的发展，做好顶层设计，引导市场，并在资金和政策上给予支持，进一步夯实我国钠离子电池技术的全球领先地位。

"双碳"背景下电池回收市场新形势

张宇平　别传玉　郭庆
格林美股份有限公司

一、资源环境现状

（一）"双碳"背景下，动力电池回收利用产业将得到高效、迅猛的发展

实现碳达峰、碳中和（"双碳"）目标是党中央立足国际、国内两个大局做

出的重大战略决策。实现"双碳"目标，坚定不移地推进绿色循环经济发展，成为产业高质量发展的重要支撑，也是中国资源安全战略的重要保障及实现生态文明建设的重要途径。在"双碳"目标的推动下，我国新能源汽车交出了产销两旺的成绩单。

新能源汽车是我国走向世界强国的重要产业，也是《新能源汽车产业发展规划（2021—2035年）》的重要内容。2022年，我国新能源汽车累计退役动力电池有31.4万t（约39.3GW·h），预计2030年总量将达到300万t。我国新能源汽车行业的快速发展带动了动力电池及相关材料产业的快速发展。基于动力电池的生命周期，退役动力电池的回收利用将是一个非常重要的新兴领域。

（二）国内外法规明确规定动力电池中再生材料使用比例

锂离子电池中锂（Li）、镍（Ni）、钴（Co）、锰（Mn）等有价金属的含量很高，其中含Co 5%~20%、Ni 5%~10%及8%左右的Li。这些金属在我国的储量并不丰富，它们在锂离了电池中的含量甚至比一些矿石的品位都高。因此，废旧锂离子电池也被称为"城市矿山"。欧盟《新电池法》要求，到2036年，电池生产中Co、Ni、Li的再生材料使用量占比不得低于26%、15%、12%。《新电池法》实施方式的变革，将推动各大汽车企业对电池回收和再生材料利用方面做出明确表态并付诸行动。

倘若废旧锂离子电池未能得到妥善回收，将会造成巨大的资源浪费。另外，锂离子电池中含有的镍、钴、铜（Cu）等金属也是有着重大环境危害的重金属，$LiClO_4$、$LiBF_4$ 或 $LiPF_6$ 等有毒有害电解质也具有潜在的环境危害风险。

（三）金属资源稀缺及供需紧张趋势下，动力电池回收利用势在必行

动力电池作为新能源汽车的核心部件，其需求量逐年攀升。智研咨询发布的《2021—2027年中国锂电池设备行业市场全景评估及投资策略研究报告》显示，2022年全球锂电池出货量为957.7GW·h，同比增长70.3%。国内高品质原材料矿物资源相对稀缺，以锂为例，中国优质的硬岩锂矿资源较少，而盐湖提锂技术及产能有待突破。原材料矿产开发周期较长，上游扩产周期在4年左右，而动力电池扩产周期在1年左右，供需错配时间拉长。上游资源紧缺将

长期掣肘下游应用市场的发展，锂资源供需缺口预计在 2025 年之后出现并呈逐渐扩大的趋势，2030 年将达 145 万 t LCE，电池回收有望在一定程度上缓解资源供需不平衡对行业发展的制约。

二、回收预测

我国新能源汽车行业在"双碳"目标引导下进入规模化快速发展阶段。根据中国汽车工业协会历年新能源销量数据，截至 2022 年 12 月底，我国新能源汽车累计推广量为 1595.92 万辆，保有量为 1310 万辆，相较于 2021 年的 784 万辆增长了 67%。由此测算，截至 2022 年 12 月底，我国新能源汽车累计报废量为 138.121 万辆。按照每辆新能源汽车动力电池平均装车量为 48.2kW·h 测算，动力电池累计退役量为 66.574GW·h。参考 2022 年 10 月动力电池装车量为 140W·h/kg 以上的约占 64%，由此推算估计退役动力电池累计质量为 44.383 万 t。其中，2022 年 12 月，动力电池退役量约 3 万 t，2022 年 1—12 月累计电池退役量约 27.39 万 t。

锂电池回收不仅符合减污降碳的政策方向，且目前全球镍、钴、锂等原生矿产资源相对稀缺。根据中汽数据有限公司预测，钴的稀缺程度最高，其次为锂，最后是镍。资源的稀缺程度预计在 2035 年后进一步加剧，可开采的 Li、Co、Ni 分别只能支撑当年需求量 35 年、14 年和 36 年。并且随着全球电动化战略目标的实施，资源将面临无矿可开采，而我国在这方面更是紧缺。

同时，在电池需求大力拉升下，镍、钴、锂等金属的价格持续上涨，从而使回收蕴含着巨大的经济价值。通过对废旧动力电池的循环利用，可有效解决资源枯竭的问题。根据业内有关机构预测分析，预计 2025 年全球累计退役动力电池 281 万 t（约 327GW·h），2025 年通过回收全球动力电池可再生的锂、钴、镍、锰的资源量分别约占当年需求量的 28%、28%、23% 和 42%；2030 年全球累计退役动力电池 2029 万 t（约 2123GW·h），2030 年通过回收全球动力电池可再生的锂、钴、镍、锰的资源量分别约占当年需求量的 107%、107%、89% 和 161%。

预计 2025 年我国需要回收的废旧电池容量将达到 137.4GW·h，2025 年通过回收动力电池可再生的锂、钴、镍、锰的资源量分别约占相应需求量的

39%、39%、33% 和 59%；2030 年累计退役量约 738 万 t（约 820 GW·h），通过回收电池可再生的锂、钴、镍、锰的资源量分别约占相应需求量的 133%、133%、111% 和 199%。回收的镍、钴、锂资源相当于开采约 1000 万 t 级矿山。

自 2015 年新能源汽车快速制造和销售开始，以 5~8 年的退役期限来看，未来相当长一段时间内，大量的动力电池将陆续进入退役期。锂电回收可分为梯次利用与资源再生两大环节，我国再生利用已形成"湿法为主"的成熟工艺路线。经测算，我国动力电池回收实际市场规模 2022 年约为 146 亿元，至 2030 年理论可达 1406 亿元，锂电回收整体市场规模 2022 年约为 314 亿元，至 2030 年理论可达 2351 亿元。竞争格局暂呈"小、散、乱"的局面，除 88 家获得工业和信息化部资质认定的"白名单"企业，中小企业数量众多，2022 年中国动力电池回收企业注册量达到约 4 万家，龙头企业尚待成型。

锂电池回收市场空间广，行业仍处于初期发展阶段，锂电池回收目前仍是蓝海市场。动力电池回收利用产业链长，涉及回收拆解、梯次利用、再生利用等多个环节，如何推动产业发展由规模速度型向质量效益型有序化转变成为重要命题。

三、回收的商业模式

在"双碳"背景下，我国新能源汽车动力电池回收是一个重要的发展方向。关于该领域的商业模式可以从以下几个方面考虑。

垂直一体化模式：这种模式下，回收企业将整个回收流程纳入自己的管理之中，包括从回收到处理再到回收后的销售。这种模式可以确保回收过程的高效性和规范性，从而保证回收的质量。同时，这种模式还可以减少成本，提高企业的竞争力。

合作模式：回收企业可以与新能源汽车生产厂商、电池厂商等相关企业合作，共同制定回收计划，共享回收成本，分担回收风险。通过合作，企业可以更好地满足市场需求，提高回收效率，降低回收成本。

建立独立回收平台：这种模式下，回收企业可以建立一个独立的回收平台，接收各个品牌的电池回收需求，并且将回收的电池进行分类、处理和销售。这种模式可以为回收企业提供更多的商业机会，扩大利润空间。

服务模式：回收企业可以为消费者提供电池回收服务，例如，开展免费回收活动，为消费者提供优惠券等回收奖励。通过这种方式，回收企业可以吸引更多的消费者参与到电池回收活动中，提高回收量和回收质量。

总之，在"双碳"背景下，我国新能源汽车动力电池回收商业模式应该多元化发展，综合运用不同的模式，以提高回收效率和回收质量，同时满足市场需求并保证企业利益。同时，建立政策支持、加强技术研发、建立回收网络、完善管理制度和增强公众意识是动力电池回收体系建设的关键要素。只有全面推进这些工作，才能够促进动力电池回收体系的快速建设和发展，实现可持续的资源利用和环境保护。

政策引导和激励措施：政府应该出台政策引导和激励措施，如制定动力电池回收和再利用的相关法律法规，对回收企业给予税收和财政补贴支持，对汽车企业和电池企业给予奖励，以提高动力电池回收的经济效益和市场竞争力。

回收技术研究和开发：开展动力电池回收技术研究和开发，研究动力电池的拆解、分选和再利用等关键技术，提高回收效率和资源利用率。同时，还应该研究和发展动力电池再制造技术和梯级利用技术，将回收的废旧电池进行再利用，以延长其使用寿命。

完善回收管理和监管制度：完善动力电池回收管理和监管制度，建立回收标准和认证机制，加强回收过程中的环境保护和资源利用监管。同时，还应该建立动力电池追溯系统，对回收的电池进行追踪管理，以确保其安全和环保。

提高公众参与度和增强公众环保意识：通过宣传教育和培训等方式，提高公众参与度和增强公众环保意识，鼓励消费者主动参与动力电池回收，减少电池的浪费和污染。此外，还可以加强与社区、学校、企业等合作，开展动力电池回收的宣传和普及活动。

四、回收新技术与装备

（一）互联网＋电池溯源技术

利用互联网＋技术，开发回收 App、运输协同系统（TCS）、仓储管理系统（WMS）、拆解制造执行系统（MES）、梯次产品追溯信息平台，对回收的电池一码到底，实现电池包、模组、电芯的"家族式"溯源识别，并无缝对接国家溯源管理平台。

（二）动力电池包柔性智能拆解技术与装备

针对退役动力电池种类繁杂、规格种类多、拆解过程智能化程度低、拆解过程粗放、拆解设备兼容性差、缺乏质量追溯等问题，通过突破智能决策、动态规划、平衡优化、信息管控等关键技术，解决退役动力电池全流程柔性化智能拆解难题。新一代基于多重不稳定场景的报废电动汽车智能拆解技术装备，采用多机器人协同、机器视觉和人工智能等先进技术，实现零部件–连接形式识别、拆解决策、路径生成和过程管控的智能化，提高拆解效率。

（三）退役电池寿命容量预测技术与装备

通过掌握动力电池老化机理研究、快速分选、寿命预测和多维场景梯次利用等关键技术，建立日历寿命/循环寿命与电池内阻、容量等电性能参数之间的函数关系，实现退役电池全生命周期寿命预测。通过构建等效电路模型，开展参数识别和电路仿真，建立基于卡尔曼滤波的高精度 SOC 估计算法。基于寿命预测快速分选技术，建立机器学习/神经网络模型，开发主要针对退役方形动力锂电池，兼容多尺寸电芯，具备自动扫描、自动测试、数据通信、采集参数与模型自动比对功能，可编辑分选参数为一体的自动化分选设备。

（四）可控连续放电装备

基于氯化钠和硫酸钠不同浓度下各规格类型电池的最佳放电条件，考虑生产线生产的连续化放电需求，设计开发了可控速连续放电装置，能够兼容 10 种以上规格的废旧动力电池，并且可根据电池类型差异，调整废旧动力电池的放电时间。

（五）热解过程精准控氧装备

针对隔膜、电解液及黏结剂高温热解过程中集流体铜铝易氧化而导致黑粉品质降低、难分选等问题，开发氮气保护氛围下的精准控氧热解装备，以减少铜铝集流体的氧化并提升黑粉产品的品质。

（六）正负极片的还原磁化分选技术

正负极片混合的极片废料和叠片半成品中的正负极粉价值差异较大，正负极片中活性极粉的可剥离程度也存在差异，通过对混合极片废料进行还原热解，选择性强化正极片的磁性，进而通过干式磁选实现正负极片的分选。

五、ESG 减碳足迹

ESG 是一种投资理念，代表着环境、社会和公司治理（Environmental, Social, Governance）三个因素。ESG 投资考虑企业在环境、社会和公司治理方面的表现，旨在提高投资回报，同时对社会和环境做出积极的贡献。随着社会对 ESG 的关注不断提高，越来越多的投资者开始关注 ESG 因素对企业的影响，并将其纳入投资决策中。在动力电池回收领域，ESG 投资理念也得到了广泛的应用。

动力电池回收本身就是一项具有 ESG 属性的投资领域。通过回收、梯级利用、循环再生，可以减少对环境的负面影响，促进资源的循环利用，实现可持续发展。通过动力电池的回收和再利用，可以减少新电池的生产和采矿所产生的温室气体排放、能源消耗和水资源消耗等负面影响。同时，回收的电池可以用于储能系统，将其转化为清洁能源的一部分，进一步减少对化石燃料的依赖，提高能源的可持续性。

动力电池回收对环境减碳的影响还体现在减少电子垃圾和有害化学物质的排放。回收处理过程中，可以采用环保的处理方式，将电池内的有害物质转化为无害物质，减少对环境的负面影响。同时，回收处理还可以提取出电池中的重要材料，如钴、镍、锂等，实现资源的再利用和循环利用，减少对自然资源的消耗。

越来越多的企业开始将 ESG 因素纳入其业务决策中，推动环保事业的发展。一些知名企业，如特斯拉、奔驰、宁德时代、格林美等，都将动力电池回收作为其业务的重要部分，并致力于推动 ESG 投资理念的实践。

为全面推动实现碳达峰、碳中和目标，电池回收企业在践行 ESG 过程中的发展方向与责任如下。

1. 发展动力电池回收创新技术，促进行业绿色低碳

创新回收技术在退役动力电池梯次利用快速分选领域的应用，可以加强退役动力电池回收行业的低碳发展能力，推进行业发展向绿色低碳转型。在退役动力电池行业，对退役电池分选重新梯次利用，进行节能减排。据测算，到2025年将有 96.2GW·h 的电量需要进行再次利用，如果企业对退役动力电池分容快速分选，则可节能减排 10900t CO_2，达到良好的节能减排效果。

2. 发展废旧动力电池的高效资源化利用技术，促进行业绿色可持续发展

对于不同规格废旧动力电池的回收利用，通过研发成套技术工艺来满足其从放电、热解、破碎、分选及后续的精细化分离和高值修复再生的需求，以实现锂电池真正意义上的闭环循环。对于不同类型的电池和极性材料，需要开发差异化的工艺来实现经济高效回收，进而促进废旧动力电池回收利用行业的绿色可持续发展。

3. 实现退役动力电池资源化无害化处理，缓解动力电池行业资源紧缺现状

因为动力电池的回收处理涉及安全、环保，所以退役动力电池回收是整个新能源汽车行业链中重要的一环，也是最薄弱的一环。通过退役动力电池的梯次利用以及资源化利用，可降低对石油的依赖，减少有害气体排放，有效缓解雾霾等社会环境问题，为推动新能源汽车产业的发展、改善人类居住环境做出更大的贡献，同时带来巨大的社会效益和经济效益。

数字平台赋能电池全周期管理

陆荣华 杨震 武丹丹 张金平 刘书源 邢涛

武汉蔚能电池资产有限公司

一、电池集约化管理带来的机遇

车电分离模式的实现需要具备四个条件：可换电的车辆设计、换电网络及运营服务体系、政策支持以及独立的电池资产公司。

武汉蔚能电池资产有限公司（以下简称蔚能）基于车电分离模式进行电池资产管理，购置电池并联合整车制造企业为用户提供电池租用、电池管理、电池退役、回收处理等运营服务，将车电分离模式落地。

车电分离模式使"电池产权归资产公司统一持有 + 管理"成为可能，从而将电池从汽车零部件变成了由 BaaS[⊖] 用户共享的"公共基础设施"。换电网络的高效运行得益于电池产权的"公有化"。BaaS 模式与换电网络互为补充，不仅共同提升了用户在购车、补能和二手车交易等环节的体验，同时还促进了新能源汽车的市场发展。

可以看到，在 BaaS 模式下，蔚能对电池管理的集约化程度极高，截至 2023 年年初，蔚能管理及运营的电池资产规模已处于行业领先水平。专业化管理好这些统一持有的电池，是蔚能——专业电池资产管理公司的目标。诚然，实现这个目标也将是蔚能的又一大机遇和行业突破。

二、集约化与电池全周期管理

随着新能源汽车市场的迅猛发展，电池全周期管理受到了越来越多的关注和重视。我们认为，电池全周期管理现阶段还面临着以下几点困难。

⊖ BaaS（Battery as a Service）指电池即服务，即电池租用服务。

一是车载动力电池"从生到死"的实际状态，由于产权分散，在运营场景不同、数据不同等各类屏障下，各主体对电池全周期价值事实上无法全面认识，同时缺乏实践运营和管理经验。

二是由于动力电池自身有较高的技术门槛，个人用户很难对电池有全面的认知；另一方面，汽车企业也很难对个人用户的车载电池直接进行安全管理、风险通知、集中回收和闭环溯源。

总之，分散管理下，对全周期的电池运营、状态及价值评估都无法进行直接管理。如果不能准确评估各类应用场景下动力电池的运行状态，那么充分挖掘电池服役期间的使用价值，以及退役后的残余价值和资源价值，从而高效、环保地实现电池梯次利用和再生利用是不现实的。

电池资产公司下的电池集约化管理则为电池全周期管理带来了新的方向和契机。为此，蔚能发挥集约化优势，以三大基础能力——电池应用技术、数据智能能力、资产管理能力为根，打造了电池资产数字运营管理平台，有效地打通了电池从应用规划到车载服役，从退役判断到梯次利用、回收利用的资源循环断点，并实现了电池管理的三大突破：100%可溯源、100%可流通、100%可循环，为电池全周期管理开拓了新的方向。

三、数字化平台赋能电池全周期管理

蔚能通过将电池机理、失效分析（FA）、运营实践融合创新，推出了数字化平台——锂解。作为首个专业电池运营管理平台，锂解平台运用大数据及人工智能算法，解决了电池的安全和寿命折损问题，全面掌握电池全周期运营状态，且在全周期各环节下，全面识别电池设计缺陷、质量缺陷和应用过程中产生的问题。

锂解平台实现了大规模电池资产从役前、役中到退役的全周期管理，并针对不同管理环节和管理目的，匹配不同的管理方案及算法，实现了算法和质量双闭环、业务与电池双流转，能够匹配不同业务场景需求，如图4.11所示。

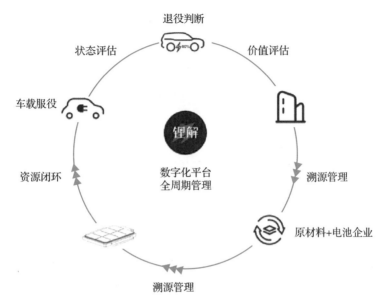

图 4.11　数字化平台全周期管理

在车载运营阶段，通过平台管理及算法推荐，可使每一块电池都保持最佳的运营状态，最大限度地延长电池服役时长，从而最大化挖掘电池服役阶段价值，并能够有效延长电池服役时长约 25%。

同时，凭借锂解平台，电池资产的管理还将延伸至退役后的梯次利用和材料再生阶段，实现了智能梯次重组、可控退役、全周期溯源等多场景下的电池闭环管理。

基于锂解平台，蔚能可完成对电池资产从车载服役，到梯次利用，再到再生利用的电池全周期运行状态管理和评估，依靠大数据技术实现电池全周期的价值最大化、环保最大化和降本增效。

新能源汽车市场的迅猛发展，带动了电池全周期管理诉求的快速增长。关注电池全周期管理，既能有效降低电池安全风险，同时也能提升锂、钴、镍等战略资源的循环利用效率。这是一个有着巨大经济和社会价值的重要课题，为产业链形成闭环发展提供了重要的商业模式借鉴。

电池智能制造与降本

阳如坤

深圳吉阳智能科技有限公司

一、2022 年电池制造装备发展情况

（一）装备行业的基本趋势

锂电池设备行业发展向好。得益于锂电池行业的快速持续发展，其设备需求快速增长，同时，供应链、成本控制等方面能力提升，使多数公司利润实现增长。

近两年，锂电池产业链大幅扩产，新增产能从 2023 年开始集中释放。其中，动力电池领域的规划产能和有效产能以及实际出货之间存在较大差距，电池产能过剩隐忧突显。纵然如此，TW·h 时代方向是确定的，深圳高工产业研究院（GGII）数据显示，预计到 2025 年，我国锂电池电芯设备市场规模将增至 1200 亿元，其中，锂电池前中后段市场规模将分别上升至 508 亿元、415亿元以及 277 亿元。

（二）工程装备技术进展

部分设备企业体量快速扩大，产品阵容扩充补齐，技术迭代加快，给新能源领域注入了新的发展动力。

先导智能与欧洲电池企业 Northvolt、Automotive Cells Company（ACC）、德国大众电池等电池公司签署合作协议，标志着中国锂电池装备企业正式走向国外。

2022 年，利元亨在锂电池行业重磅推出九大主力机型，包括动力切叠一体机、激光模切分条一体机、高速动力卷绕机、长电芯激光焊接机、高速宽幅涂布机、化成容量一体机、长电芯装配线、模组与电池包（PACK）线、智能仓储等。

大族锂电智能装备的新晋产品包括辊压机、卷绕机、叠片机、化成分容检测设备（方形、软包、圆柱）、尺寸测量包膜一体机，激光模切卷绕一体机、

激光切叠热压一体机、激光模切分切一体机等逐步进入量产阶段。

杭可科技披露 2022 年半年度报告。报告显示，在国外，公司成功中标 SK 在匈牙利和中国盐城共计 24 条线的夹具机、充放电机设备订单，实现充放电机首次供应 SK on 的突破；另外，LG 新能源南京圆柱项目设备订单、印度尼西亚软包设备订单、远景日本订单均有所斩获。

星云股份与泰山城建集团达成战略合作，星云股份与泰山城建集团未来将在新能源使用、分布式储能技术推广、光储充检智能超充站共建，以及低碳示范城市项目建设等方面开展合作，加速新能源用户侧储能项目落地。

深圳吉阳智能独创性地设计采用创新隔膜连续切断交换机构以及优化设备布局的方式，实现卷绕换针时隔膜连续卷绕，整机效率由原来的 4.2PPM[⊖] 提高到了 7PPM 以上（16m 片长），增幅 66% 以上，实现电芯卷绕生产的便捷、快速、可视、准确，减少运维时间，提高制造电池的质量，提升设备综合效率（OEE），打造数控化智能卷绕机。该项目成功通过"锂离子电池隔膜连续高速智能卷绕机的研发"科技成果鉴定会。鉴定委员会一致认为该项目创新性强，整体技术居于国际先进水平，其中隔膜连续卷绕技术处于国际领先水平。

二、电池智能制造面临的挑战

（一）电池制造目标

1. 标准化

产业界认为通用目的产品（General Purpose Product，GPP）是产业革命中的关键共性产品，具有多种应用场景和广阔发展空间，从初期的特定应用最终扩展到在多个部门广泛应用，具有溢出效应，能促进生产、流通、组织方式的优化，对产业转型和经济增长发挥乘数倍增的作用。电池产品具有很强的通用性，已成为很多产品的心脏和动力来源，包括移动动力基础产品（电动汽车、电动飞机、电动轮船等电动运载工具），以及能源存储为基础的产品（储能电站、清洁能源存储、智慧能源等）。通用目的产品发展呈现的特点是其应用突破一定临界点后增长速度极为迅猛，能快速覆盖主流市场。

能源攸关国计民生和国家安全，关系人类生存，推动世界发展。电池技术

⊖　PPM（Pieces per Minute）指每分钟产能。

同样成为世界各国科技竞赛的制高点，代表了技术组合力量与人们新需求结合的演化方向，其蓬勃发展的背后是密集型知识积累，重点是发挥高效利用资源的效应，以最小的资源投入创造更大的价值和经济效益，提高整个社会的创新密度和运行效率。先进电池有很重要的作用，成为许多产品或产业的基础部件，专家预测电池产业将超过半导体产业达到万亿元级的市场规模，成为未来国民经济的重要支柱。能成为国民经济重要支柱的产品电池，是一种通用目的产品，这种产品的发展规划、管理及生产制造应该如钢铁、机器人、中央处理器（CPU）、存储器一样，走标准化、大规模、智能制造的道路，从而满足未来多行业高品质、大规模、低成本的需求。我国已提出 2030 年前碳达峰、2060 年前碳中和的"双碳"目标，电池必将成为能源存储管理的基础产品，成为我国经济高质量发展的战略选择，也必将成为通用目的的产品。

电池制造呈现如下特点。

1）规模大。电池制造规模一般以 10GW·h 作为起点，中等规模达到 100GW·h，大规模达到 1000GW·h 以上。

2）高质量要求。一般制造业的过程能力指数（CPK）达到 1.67（5σ）就可以了，而对储能及电池而言，要求典型的 CPK 到达 2.0（6σ），这一方面是基于电芯本身的安全和一致性要求，另一方面也是基于电池包需要多个电芯串并联使用的需要。

3）低成本。随着电池使用量的增加和行业的广泛应用，要满足更多的市场需求，不得不降低成本，这也符合制造业成本随产能变化的规律。

2. 制造技术现状及趋势

针对电池产业的发展现状，电池制造装备技术将呈现出两种趋势：现有制造工艺装备创新升级和新型工艺装备创新。

现有工艺装备创新升级：高速化、集成化和数字化。高速化，如涂布速度突破 120m/min，卷绕线速度突破 3m/s，叠片效率突破 600PPM。集成化，如实现合浆、涂布、辊压、分条集成一体化，激光模切卷绕、激光模切叠片、组装过程一体化，以上技术的突破可以大大减少人工成本和环境控制成本，缩短制造链，提高制造效率，提升材料利用率。设备数字化的目标是实现标准化设备接口、通过边缘计算实现工序制造质量的工艺闭环，提升设备的稳定性和制造质量。

新型工艺装备创新：主要面对材料技术、电池技术升级开发新型装备，如预锂化设备、干法制片设备、多层同时涂布设备、多层极片复合设备、极片隔膜复合设备、一体化高速电芯组装线，以及极片、电芯 3D 打印成型设备等。

动力电池智能制造的核心目标是高效、准确地获取制造数据，完善数据治理，搭建统一、高效、实时数据平台，利用工业互联网技术，基于大数据、云计算和工业人工智能技术，建立制造模型，进行模型优化，提升动力电池制造的质量、制造安全性和制造效率，满足大规模、高效储能的要求。

未来，电池的智能制造是针对动力电池产品的高安全性、高一致性、高制造效率和低成本等要求，应用智能化关键技术，对动力电池制造的浆料制备、极片制备、极芯制备、极组装配、干燥注液、化成分容和电池系统集成的过程实现"高精度、高速度、高可靠性"和"模型化、数字化、智能化"应用；建立数字化锂离子电池制造车间，包括在制造过程中引入来料参数、过程参数、制造质量的在线检测，实现制造工艺闭环；利用智能部件、机器人自动化组装、智能化物流与仓储、信息化生产管理及决策系统实现动力电池的智能化生产，确保动力电池产品的高安全性、高一致性、高合格率、高制造效率和低制造成本，如图 4.12 所示。

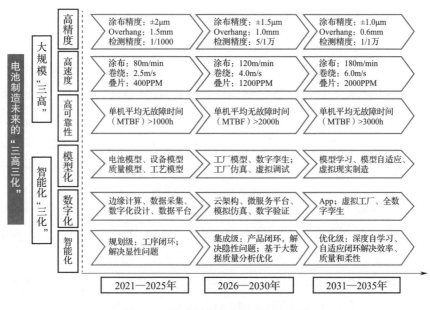

图 4.12　电池制造未来的"三高三化"

注：Overhang 为电芯正负极片边缘重合度的最小值。

3. 电池制造发展目标

（1）动力电池制造目标

优秀的产品是设计出来的。实践证明，产品质量的 70%~80% 是由设计决定的，设计是制造装备和制造工厂建设的基础。动力电池制造目标归结为六项，即电芯规格、制造成本、制造安全性、制造 CPK、材料利用率以及核心设备制造效率。

电芯规格：未来，电芯规格数量要尽可能减少，考虑商用车、乘用车的需求，圆柱、方形和软包的不同，到 2035 年要将电芯规格数量控制在 12 种以内，即圆柱 2 种规格，方形铝壳 6 种规格，软包 4 种规格。

制造 CPK：动力电池制造质量特性按其重要度分为关键产品特性（Key Product Characteristic，KPC，如尺寸、容量、内阻等）和产品过程关键控制特性（Key Control Characteristic，KCC，如设备工艺参数、产品过程参数等）。经统计，动力电池约有 20 个核心 KPC 控制点，动力电池制造的目标是使 KPC 指标全部达到 CPK2.0 以上，保证电芯不需要经过筛选就能直接组合使用。

制造安全性：电池制造过程中的缺陷和无完全监控会引入电池不安全或者其他不安全因素，制造安全的目标是使制造缺陷和制造环境对电池的影响得到有效控制，制造安全控制达到 PPB（Part per Billion，十亿分之一）级要求。

制造成本：到 2035 年，随着能量密度的提升和制造效率的大幅度提高，动力电池的瓦时制造成本将小于 0.06 元 /W·h。

材料利用率：材料利用率是未来动力电池成本降低的关键，主要影响因素是电池材料的匹配设计、电池的结构设计、材料的回收；目标是在 2035 年材料利用率（按照材料成本价值计算）大于 98%。

核心设备的单机产能：主要指涂布、模切、卷绕、叠片等设备单台的最大年输出产能。到 2035 年，核心设备的单机年产能达到 4~8GW·h，如图 4.13 所示。

（2）关键核心装备目标

新型电池制造技术目标：现有工艺装备实现效率提升、制造工艺数据闭环、制造质量 CPK 大于 2.0，以及实现三个一体化，即极片制造一体化、芯包制造一体化、组装一体化。具体技术包括：涂布、模切、卷绕、叠片高速、动态精度、稳定控制技术，基于大数据的设备制造工艺闭环控制技术，全激光模

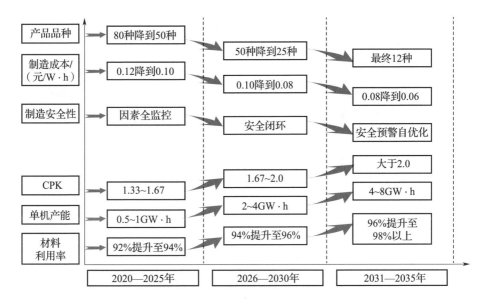

图 4.13 动力电池制造目标技术路线图

注：CPK 是电芯核心工序 KPC 的 CPK 值乘积，一般电芯的工序 KPC 值有 20 个左右。

切卷绕、叠片一体化技术，适合大规模、零缺陷、高合格率的极组连接和电芯封装技术。

新体系电池制造技术目标：新体系电池工艺装备跟随电池技术发展，实现硅碳负极、锂负极、高能量密度正极材料研发，半固态、固态电池、锂硫电池、锂空电池制造装备研发。新体系电池制造技术具体包括：预锂、纯锂负极制造技术，干式正极制造技术，极片制造技术（Physical Vapor Deposition，PVD），复合极片、复合膜和复合集流体制造技术，复合固态电池制造技术，3D 打印极组制造技术等。

（3）智能工厂及智能制造服务目标

智能工厂及智能服务发展分为三个阶段，即数字化全面实施、网络化运营及智能化质量升级，最终实现动力电池未来工厂——产品智能化、生产去中心化、大规模定制生产、智能化制造运维及服务。

（二）标准化与电池智能制造

采用标准化、数字化、智能化等技术手段，依托物联网、工业互联、大数据等新兴技术，对传统生产线进行数字化改造及建设，实现增效降本，已成为动力电池装备大规模、高质量制造的必然途径。

纵观我国动力电池生产制造发展历程，动力电池制造技术已从半自动起步逐渐从模仿阶段走向大规模、数字化、智能化制造阶段，并且在制造效率、制造合格率方面不断提升。

虽然目前国内动力电池产业的发展"高歌猛进"，但在制造方面还存在一些痛点，从全球价值链来看，产业核心竞争力仍然不强，一方面我国已经不能延续过去依靠人口红利的发展模式，即廉价劳动力消失；另一方面，产业的自动化、智能化程度相较于发达国家还较低，表现为电池制造的合格率、材料利用率、产能利用率较低，无法满足高速增长的新能源汽车市场对动力电池产能尤其是高端产能的迫切需求。

正如《国家智能制造标准体系建设指南（2018年版）》所讲："智能制造、标准先行"，电池大规模制造需要采用标准化的手段，需要一系列标准体系的支撑。电池技术起步较晚，其设计、制造、检验、使用缺少完整的标准，尤其是针对锂电池行业装备的互联互通准则、集成接口、集成功能、集成能力标准，现场装备与系统集成、系统之间集成、系统互操作等集成标准严重缺少。面对电池智能制造发展的新形势、新机遇和新挑战，有必要系统梳理现有相关基础标准，明确电池制造集成的需求，从基础共性，关键技术以及电池行业应用等方面，建立一整套标准体系来支撑电池产业健康有序发展。

首先要实现电池尺寸规格的标准化。目前国内80多家电池企业有150多种电池规格型号，意味着需要有150多种不同的生产工艺和生产线，这严重限制了电池大规模制造能力的提升。我们应总结过去的经验并反思其给产业造成的损失，尽快制定出电池尺寸规格标准，将电池规格型号限制在10种左右。

其次要实现电池设计及基础标准化。需要建立电池领域元数据标准。元数据是关于数据的数据，是电池设计、制造、应用的基础。科学技术部国家科学数据共享工程的GB/T 30522—2014《科技平台　元数据标准化原则与方法》中规定了领域元数据制定时的选取原则，可以参照此原则制定电池领域元数据标准。

最后要实现电池制造标准化。电池制造过程复杂，工艺流程长，生产线生产设备众多，而且同一条生产线的生产设备往往来自不同的设备厂家，采用不同的通信接口和通信协议，设备之间缺乏互联互通互操作的基础。需要建立电池制造过程数据字典标准，统一设备模型，制定设备通信接口规范，实施数据治理，实现生产线设备和企业信息化系统集成，实现操作技术（OT）与信息技术（IT）深度融合，利用工业互联网平台，实现企业内外部信息集成，优化电池制造资源配置及过程管控。

（三）电池智能制造实现思路

电池智能制造的核心方法是基于模型的数字化和基于大数据的智能化，用数据解决制造中质量、效率和安全问题，为产业带来更大的价值。

首先是建立电池制造系统信息模型，将设备、物料、信息系统模型化，建立基于模型定义的企业（Model Base Enterprise，MDE），有了模型就可以实现数字化，实现了数字化就可以实现基于大数据的智能化，这就是电池产业智能化的路径。有了模型就可以实现数字化，把实体模型和虚拟模型两者通过数字连接就是数字孪生，通过数字孪生可以对系统进行优化，实现虚拟调试。

没有系统建模的制造优化方式是以人的智慧为基础，调整人、机、料、法、环等影响制造的要素，解决问题，最后实现的是人的经验积累。基于模型的优化则不同，模型优化积累的结果是模型的积累和优化，而模型可以数字化，这就实现了数字化积累，就可以使计算机自己积累优化和深度学习，这就是模型优化的魅力。

基于模型的数字化智能制造路径演绎如图 4.14 所示。

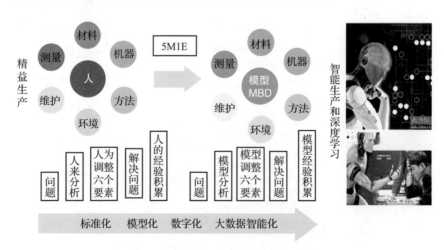

图 4.14　基于模型的数字化智能制造路径演绎

MBD—基于模型的定义

有了模型和数据，可以基于模型寻找影响质量的关键因素和关键质量控制点，控制关键因素获得最佳质量，这就是解决显性问题。有了数据，可以进行数字特征分析提取关键特性，实现预测性维护和健康管理，大大提升生产线生产产品的合格率。不仅如此，还可以优化设计模型实现反向升级，进一步优化制造，这就是智能制造的本质。

基于数据的智能化智能制造路径演绎如图 4.15 所示。

智能化指的是基于数据分析结果，挖掘隐形问题，生成描述、诊断、预测、决策、控制等不同应用，形成优化决策建议或产生直接控制指令，从而实现个性化定制、智能化生产、协同化组织和服务化制造等创新模式，并将结果以数据化形式存储下来，最终构成从数据采集到设备、生产现场及企业运营管理的持续优化闭环，提高电池制造合格率、一致性和安全性。概括而言，电池制造是要实现基于模型的数字化和基础数据的智能化，最后达到提升制造安全性、提升制造质量、降低制造成本的目标。

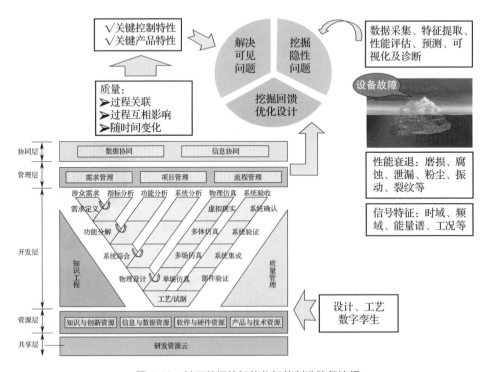

图 4.15　基于数据的智能化智能制造路径演绎

智能制造是实现产品高质量发展的必然途径。制造业是国民经济的主体，也是立国之本，没有强大的制造业就没有国家和民族的强盛，发展智能制造正是中国制造由大到强的必由之路。面向未来，整个世界先进制造技术与装备的发展，产品质量依然是制造业的基石，必须优先把制造业产品的质量放在第一的位置。电池智能制造是实现产品高质量的重要保障，也是锂电池行业的必然趋势。

三、电池制造技术降本策略

（一）电池制造的成本趋势

麻省理工学院的研究人员针对过去三十多年锂电池的发展历程进行了研究。研究人员发现，自1991年首次商用以来，这些电池的成本下降了97%。这一改善速度比许多分析师宣称的要快得多，可与太阳能电池板的成本卜降速度相媲美。

研究人员从收集的数据中获取了25个追踪锂离子电池价格随时间变化的数据系列，得到了图4.16所示的锂离子电池价格走势。橙色和蓝色虚线分别表示由代表性数据系列拟合出的所有类型电池和圆柱形电池价格随时间变化的

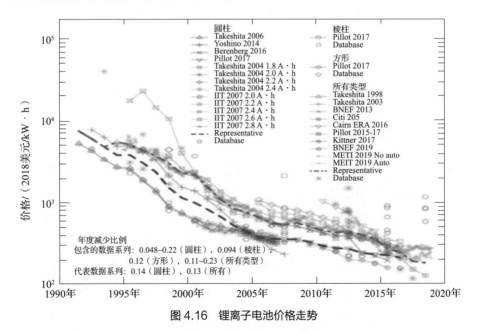

图 4.16　锂离子电池价格走势

曲线，把这些数据系列分别进行拟合后，发现圆柱形电池的成本年均下降率从4.8% 到 23% 不等，而所有类型电池的成本年均下降率在 11%~23%。

借助锂电池关键核心材料和制造工艺的不断优化，锂离子电池性价比也在新材料、新技术和先进规模制造技术的共同推动下不断提高。以我国电动汽车动力电池系统价格为例，2009 年锂电池单体的价格为 3.4 元 /W·h，彼时电动汽车的动力电池成本总价在 40 万元以上，这在当时无疑为汽车电动化应用构筑了很高的壁垒。然而，令人惊喜的是，在随后近 10 年间，锂离子动力电池的成本以平均每年 15% 的幅度逐年下降，到 2020 年价格已经下降到了0.58 元 /W·h，降幅高达 83%（图 4.17）。价格的大幅下降也从另一方面反映出锂电池技术所取得的巨大进步。

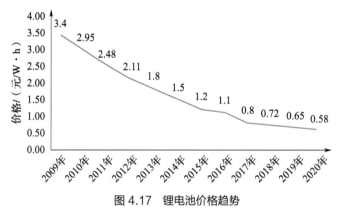

图 4.17　锂电池价格趋势

随着电池产业产能需求的发展和电池技术的进步，应用现代大规模产业制造方法，电池成本还会有较大的下降空间。

（二）电池制造降本策略

电池作为一种通用目的产品，在未来国民经济中的作用越来越重要，成为电动产品的依赖和制造能源系统不可或缺的重要组成部分。对于通用目的产品的制造必须从大规制造的基础要求出发，基于产品构成原理，考虑材料、设计、结构、安全、性能，以及制造的标准、装备、质量、效率、成本等方面，全面实施智能化管控措施。对于电池产品而言，要保证降本不降低质量、降本不牺牲安全性。降本的主要措施包括：提质降本、标准化降本、提效降本和制造循环降本。

1. 提质降本

目前先进电池制造业比较高的制造合格率只有 90%~94%，有的更低，离发达国家先进制造产业 98% 的合格率还有较大的提升空间，按照目前先进电池的制造成本构成，对于年产 1GW·h 的电池生产线，合格率每提升 1%，考虑材料损失和隐含的维护成本损失，将有 500 万 ~1000 万元的利润增加。假设电池售价为 0.8 元 /W·h，如果提升 1% 的合格率，企业利润率将增加约 6.25%~12.5%，更何况总体还有 4%~5% 的质量提升空间。

提升产品质量即提升制造合格率，减少不合格浪费。降低隐含缺陷，减少服务费用等；提质降本的方法可以采用现代大规模制造质量管理技术，尤其是智能制造质量优化、数据闭环提升技术。

2. 标准化降本

标准化是现代人规模制造业发展最基础和最有效的手段，其基本思想是"为了在既定范围内获得最佳秩序，促进共同效益，对现实问题或潜在问题确立共同使用和重复使用的条款以及编制、发布和应用文件的活动"。标准化是经济活动和社会发展的一个技术支撑，在保障产品质量安全、促进产业转型升级和经济提质增效、服务外交外贸等方面起着越来越重要的作用。标准化对于制造业的基本手段是简单化、统一化、通用化、系列化、组合化。

标准化可以大幅度提升单品种的制造规模，按照美国西奥多·莱特教授关于制造业生产成本跟随制造规模变化的定律：制造业产品的规模每提升 1 倍，制造成本将下降 15%~18%。据此，按照我国电池产业近年 50%~70% 的复合增长率，不考虑价格波动的因素，我国电池产业平均每年的制造成本下降幅度将达到 7%~10%。

在研究生产成本时，发现飞机生产数量每累计增加一倍，制造商就会实现成本按百分比持续下降，比如生产第 2000 架飞机的成本比生产第 1000 架飞机的成本低 15%，生产第 4000 架飞机的成本比生产第 2000 架飞机的成本低 15%。

利用以上标准化方法和成本变化规律，可以减少尺寸规格，增加单品种规模数量，实现供给降本。电池制造及装备的标准统一以后，对于电池企业而言，便于规模化生产。制造装备也可以实现标准化，有利于生产线种类的减少，也有利于研发和制造成本的降低。电池制造及装备的标准化，对电池制造装备的开发、设计、制造有着决定性影响，电池生产企业会依据电池制造标准对生产线进行标准化布局，可进行标准化、规模化生产，降低了电池装备企业的研发成本，缩短了装备的开发周期，提高了电池制造装备的生产效率。电池制造及装备的标准化，使新能源汽车企业在研发新产品时，可依据电池制造及装备选择固定的模块来设计产品的电池系统，有利于新产品的开发，缩短开发周期；同时，不同产品也可选择相同的制造标准工艺，有利于电池的互换性，降低企业的研发成本和生产成本。

3. 提效降本

提效降本的基本原理是制造效率的提升，单位产能的摊销成本降低。对于电池材料、电芯、电池包制造而言都是如此。比如针对涂布机、卷绕机、叠片机、组装线等制造设备，效率提升50%，一般设备成本增加30%左右，同时会降低电池厂占地面积，从而降低辅助空调、环境湿度、人员管控的成本。对目前电池制造的主要工序而言，随着产能的增加，电池制造效率从单机、分段到整线都有较大的提升空间。这是产业需求发展给电池产业带来的红利。

4. 制造循环降本

电池制造循环降本的基本原理是回收电池中材料元素的丰度比含有电池活性元素矿的丰度大很多，因而回收电池提取活性材料的成本要比开采矿获取材料便宜。从电池全生命周期发展看，假设电池材料成本为0.6元/W·h且长期维持不变，电池的终极成本见表4.6。

表4.6　电池的终极成本

环节	费用构成	金额 / (元 /W·h)	合计 / (元 /W·h)
电池制造	电池制造费用	0.08	0.11
	材料制造利用率95%	0.03	
电池材料回收	电池材料回收费用	0.09	0.12
	材料完全回收率95%	0.03	
电池总体循环成本			0.23

表4.6计算说明，在考虑材料基本回收的前提下，未来电池成本不会大于0.23元/W·h；同时，未来1W·h的材料成本、制造费用、回收制造成本、

完全回收成本都会有下降空间。这是制造能源时代电池给我们带来的巨大价值，也是电池产业能够成为制造能源时代通用目的产品的重要特征。

产业回收降本循环案例：美国、日本汽车制造业，废钢回收之后直接炼钢可节约能源 60%，减少废物排放 80%，在清除和处理折旧废钢和垃圾废钢改善环境的同时，更重要的是节约了原材料。在炼钢时，每用 1t 废钢可节省约 1.7t 铁矿石、0.68t 焦炭和 0.28t 石灰石。对于锂电池产业，我们应该从材料设计、电池设计、制造工艺、电池使用、电池规格标准化、电池使用管理制度等方面，考虑电池回收的成本和效率，就可能真正实现电池全周期的经济循环。

全球动力电池企业基本情况调研报告

马小利　尹艳萍　高可心

中国汽车动力电池产业创新联盟秘书处

2022 年，全球新能源汽车销量为 1009.12 万辆[一]，新能源汽车电动化加速转型，全球动力电池装车量不断提升，达到 517.9GW·h，同比增长 71.8%，其中，中国地区以外的装车量为 219.3GW·h，同比增长 45.2%，LG 新能源以 65.2GW·h 的装车量位居第一。全球动力电池市场不断扩大，国际动力电池市场兴起。

一、全球主要电池企业情况简介

全球动力电池企业按照区域主要分为亚洲地区电池企业、欧洲地区电池企业和美洲地区电池企业，其中，亚洲地区电池企业在全球新能源汽车动力电池市场中装车量占比超过 90%，引领全球。

[一] CleanTechnica 公布数据。

1. 亚洲地区电池企业

亚洲地区电池企业主要以中、日、韩三国为主。中国动力电池企业在全球装车量排名前十中占据六席，分别为宁德时代、比亚迪、中创新航、国轩高科、欣旺达、蜂巢能源，其中宁德时代和比亚迪占据全球市场 50% 以上。宁德时代新能源科技股份有限公司成立于 2011 年，于 2018 年上市，主要业务包括乘用车、商业应用、储能系统、循环回收方面的电池解决方案，总部位于福建宁德，在全球有五大研发中心、十三大生产基地。比亚迪股份有限公司成立于 1995 年 2 月，于 2011 年在深圳证券交易所中小企业板上市，公司主营业务涵盖乘用车、商用车、电池、轨道交通、电子五大领域，在 2020 年成立弗迪公司，开展专业的动力电池业务。日韩地区的头部电池企业多为老牌集团将电池业务独立出来成立的新电池公司，其中以 LG 新能源、松下、SK on 和三星SDI 为主要代表。LG 新能源总部位于韩国，于 2020 年 12 月成立，为 LG 集团子公司，主要业务为电池材料、动力电池、小型电池和储能系统，在中国、韩国、美国、欧洲四个地区建设了全球化生产体系，电池业务同时延伸至电池回收与梯次利用、后市场服务等。松下电器产业株式会社创建于 1918 年，总部位于日本大阪，2019 年 4 月，松下集团首次成立了中国东北亚公司，2022 年 4 月，松下成立了松下控股公司，业务覆盖多类电子产品，车载电池业务由松下新能源株式会社负责。松下锂电池业务在全球有八个生产基地、三个合资工厂，分布在日本、美国和中国。目前，松下对电池产业价值链进行投资，与中国的 IT 企业和保险公司进行了合作，有意在电池物流、租赁、回收、二手车等诸多价值链环节进行探索。SK on 成立于 2021 年 10 月 1 日，总部位于韩国首尔，是 SK 集团成员公司，主要业务有电动汽车电池、能源储存系统（ESS）和 BaaS 服务。三星 SDI 是三星集团在电子领域的附属企业，总部位于韩国，主要业务领域为小型锂离子电池、汽车电池、ESS 和电子材料，工厂遍布匈牙利、欧洲、东南亚、马来西亚、美国。远景动力是远景集团旗下动力电池板块公司，总部设在日本，同时在日本、美国、欧洲地区、中国设有生产基地，现有产能 20GW·h，规划在 2026 年全球产能达 400GW·h。

2. 欧洲地区电池企业

在欧洲电池政策的引导和支持下，欧洲地区涌现出不少本土企业，如

Northvolt、ACC 等。Northvolt 成立于 2017 年，是一家由大众集团、高盛、西门子创办的位于瑞典斯德哥尔摩的瑞典电池制造商，主要业务为电芯和电池系统，2030 年目标规划产能为 150GW·h，主要客户为沃尔沃、宝马等。Automotive Cells Company（ACC）成立于 2020 年，由 Stellantis 与 Saft 集团合资，公司总部位于法国和德国，其主要业务范围是全电动或混合动力电动汽车车用锂离子电池的电芯和模组的开发、制造和供应，到 2030 年规划产能达 120GW·h。FREYR 公司成立于 2018 年，位于挪威，生产电池的电力来自可再生的水力发电和风力发电，主要业务有 ESS、动力电池和航海，计划到 2025 年产能达 50GW·h，2028 年达 100GW·h，到 2030 年达 200GW·h。

3. 美洲地区电池企业

美国能源部发布的《国家锂电蓝图 2021—2030》提出，减少对稀缺材料，尤其是钴和镍的依赖，发展生产低 / 无钴正极活性材料，开发降低电池材料成本的新工艺，将电池成本降至 60 美元 /kW·h。在政策带动下，美国本土孵化出一批以 Solid Energy Systems（SES）、Solid Power、Our Next Energy（ONE）为代表的电池初创企业，专注于使用更安全、更可持续的材料开发先进的长续驶里程电池，发展固态电池、无阳极电池等新技术电池。SES 成立于 2012 年，是一家综合性的锂金属电池制造商，总部设在新加坡，是目前全球唯一一家与主流汽车制造商签订锂金属电池 A 样品联合开发协议的公司，SES 计划于 2023 年在上海建设完成 1GW·h 的锂金属电池工厂。ONE 成立于 2020 年，技术路线主要围绕磷酸铁锂和无阳极电池。

二、全球电池企业技术路线

全球新能源汽车电池装车量中，中日韩电池企业占据主导地位，目前商业化应用的技术路线以三元电池和磷酸铁锂电池技术路线为主，一些新体系电池，如钠离子电池也在逐渐成熟走向商业化应用。

在全球动力电池企业中，我国动力电池企业采用磷酸铁锂和三元电池技术路线齐头并进，电池外形主要有方形、软包和圆柱形，三元电池主要以宁德时代、中创新航、欣旺达等企业为代表，磷酸铁锂电池主要以宁德时代、比亚迪、国轩高科等企业为代表。目前，在我国，三元电池装车系统能量密度达 212W·h/kg，磷酸铁锂电池系统能量密度达 176W·h/kg。同时，我国电池企业也在钠离子电池、半固态和全固态电池领域积极布局。日韩动力电池技术路线以三元技术路线为主，其中，LG 新能源现主要动力电池产品为三元软包电池，有功率型和能量型电芯，其中能量型电芯单体能量密度达 265W·h/kg，电池模组能量密度达 226W·h/kg，在下一代电池技术中专注于全固态电池和锂硫电池的开发；松下动力电池采用三元正极技术路线，主要产品为圆柱 18650、2170 和 4680 型电池，与丰田的合资公司 Prime Planet Energy & Solutions, Inc.（PPES）以方型混合动力汽车电池为主，单体容量可达 10kW/L，预计到 2024 年可达 15kW/L，下一步将持续减少电池中稀有金属的使用量，目前，已经实现了无钴化的研发，并且正在攻克大幅削减正极镍含量的课题；SK on 的主要技术路线为三元软包技术路线，自 2014 年在全球率先为电动汽车供应 NCM622 电池以来，通过 NCM811、NCM9½½ 刷新了行业标准，2022 年实现 NCM9½½ 电池量产，目前能量密度达 1000W·h/L，下一代将集中开发高安全、快速充电的全固态电池；三星 SDI 主要产品为三元方形锂离子电池，有能量型和功率型两种。

三、全球头部动力电池企业市场情况

2022 年，全球动力电池装车量为 517.9GW·h，我国企业宁德时代位居全球第一；国外主要动力电池企业装车量为 160.5GW·h，主要有 LG 新能源、松下、SK on 和三星 SDI。

宁德时代 2022 年全球装车量为 191.6GW·h，其中，我国市场装车量为 142.0GW·h，除我国以外装车量约为 48.8GW·h[⊖]。据统计，宁德时代全球规划产能超 1TW·h，目前主要规划集中在国内，规划产能约 900GW·h。在国外布局中，宁德时代在德国和匈牙利建有生产基地，位于德国图林根州的国外基地现已投产，该工厂规划产能 14GW·h。宁德时代全球主要客户有特斯拉、

⊖ 全球数据及中国区域以外数据采用 SNE Research 数据，中国市场装车数据为中国汽车动力电池产业创新联盟数据。

北汽、宝马、戴姆勒、东风、福田、广汽集团、吉利等，涉及乘用车、商用车等多个领域，现主要业务集中在国内，同时也在积极推进国际业务，宝马是其最重要的全球客户之一。

LG 新能源 2022 年全球装车量为 70.4 GW·h，其中，我国市场装车量为 5.2GW·h，除我国以外装车量约为 65.2GW·h。LG 新能源到 2025 年全球产能规划为 520GW·h，动力电池业务主要集中在波兰弗罗茨瓦夫（100GW·h，占比 22.6%）和美国（200GW·h，占比 45.2%），在美国地区与通用汽车（GM）合资工厂规划产能 120GW·h，为 LG 新能源主要合资工厂；在我国规划产能 110GW·h，电池业务涉及动力电池、小型电池和储能电池。LG 新能源为亚洲、欧洲、北美等 20 多个整车客户的 70 多个电动汽车项目提供解决方案，其中，我国市场客户主要为上汽通用、特斯拉和吉利，我国市场以外客户主要有奥迪、福特、吉利、通用、现代起亚、捷豹、雷诺 – 日产、斯泰兰蒂斯、特斯拉、大众集团、沃尔沃等。

松下 2022 年全球装车量为 38.0GW·h，其中，我国市场装车量为 0.5GW·h，基本为松下与丰田的合资公司 PPES 供应的插电式混合动力汽车，除我国以外装车量约为 37.5GW·h。松下全资公司目前在我国没有动力电池业务，主要为特斯拉海外供货，从 2009 年开始与特斯拉合作，目前在美国内华达州的 Gigafactory 超级工厂和我国苏州工厂中专供生产特斯拉使用。同时，松下也为宝马、福特、本田以及丰田供应电池。PPES 在我国的主要客户为本田和丰田汽车。

SK on 2022 年全球装车量为 27.8GW·h，其中，我国市场装车量为 0.7GW·h，除我国以外装车量约为 27.1GW·h。根据 SK 集团的规划，SK on 电池年产能将在 2023 年扩大到 85GW·h，2025 年扩大到 220GW·h，2030 年超过 500GW·h。其中，在美国的动力电池现产能规划约 170GW·h，为主要发展地区；在欧洲地区产能规划为 77.5~92.6GW·h；我国地区目前产能规划为 77GW·h，主要与北汽和亿纬锂能合建工厂，SK on 常州规划的自有工厂为 33GW·h。SK on 主要客户有大众、戴姆勒、现代、起亚、福特、北汽、捷豹路虎、法拉利等，其中国内主要为北汽极狐配套。

三星 SDI 2022 年全球装车量为 24.3GW·h，其中，我国市场装车量为

0.1GW·h，除我国以外装车量为 24.0GW·h⊖。其中国工厂主要在西安和天津有两个厂区，其中，西安工厂产能 6GW·h，生产 34A·h、120A·h 三元方形电池，供出口使用；在天津有两个工厂，生产 18650、21700 圆柱电池。三星 SDI 主要客户为赤砂、宝马、菲亚特、现代起亚、江淮、保时捷、大众、沃尔沃集团，其中国内为东风岚图配套。

综上，目前国外头部动力电池企业在中国市场的装车量占比份额虽然逐步下降，但是在欧洲地区、美洲地区已有较完整的产能规划，并且多与大型汽车企业深度合作，未来在国际市场竞争中，这些企业仍有很大竞争优势。

全球电池企业新能源汽车电池装车量排名见表 4.7，除我国外的全球电池装车量排名见表 4.8，国外主要电池企业产能规划情况见表 4.9。

表 4.7 全球电池企业新能源汽车电池装车量排名

排　　名	企业名称	2022 年装车量 / GW·h	增长率	占　　比
1	宁德时代	191.6	92.5%	37.0%
2	LG 新能源	70.4	18.5%	13.6%
3	比亚迪	70.4	167.1%	13.6%
4	松下	38.0	4.6%	7.3%
5	SK on	27.8	61.1%	5.4%
6	三星 SDI	24.3	68.5%	4.7%
7	中创新航	20.1	151.6%	3.9%
8	国轩高科	14.1	112.2%	2.7%
9	欣旺达	9.2	253.2%	1.8%
10	孚能科技	7.4	215.1%	1.4%
	其余	44.5	55.9%	8.6%
	共计	517.9	71.8%	100.0%

注：数据来源于 SNE Research。

⊖ 全球数据及中国区域以外数据采用 SNE Research 数据，中国市场装车数据为中国汽车动力电池产业创新联盟数据。

表 4.8　除我国外全球电池企业新能源汽车电池装车量排名

排　　名	企业名称	2022 年装车量 / GW·h	增长率	占　　比
1	LG 新能源	65.2	22.9%	29.7%
2	宁德时代	48.8	131.0%	22.3%
3	松下	37.5	5.1%	17.1%
4	SK on	27.8	65.2%	12.7%
5	三星 SDI	24.0	70.1%	11.0%
6	远景动力	4.3	−1.1%	2.0%
7	孚能科技	2.1	1794.4%	0.9%
8	PEVE	2.0	−5.9%	0.9%
9	欣旺达	1.5	74.5%	0.7%
10	比亚迪	1.4	114.4%	0.6%
	其余	4.7	121.4%	2.1%
	共计	219.3	45.2%	100.0%

注：数据来源于 SNE Research。

表 4.9　国外主要电池企业产能规划情况

企业名称	主要产品类型	技术路线	地址 / 企业	产能规划及时间
LG 新能源	软包	三元	韩国梧仓	22GW·h（2025 年前）
			波兰	100GW·h（2025 年前）
			印度尼西亚现代合资工厂	10GW·h（2024 年前）
			美国荷兰小镇	40GW·h
			美国 GM 合资工厂	120GW·h
			美国 Stellantis	40GW·h
			中国南京	110GW·h（2025 年前）
松下	软包、圆柱	三元	中国无锡	规划产能 30GW·h
			中国苏州	总产能 1 亿支

（续）

企业名称	主要产品类型	技术路线	地址/企业	产能规划及时间
松下	软包、圆柱	三元	中国大连（合资）	总产能20万辆电动汽车供应，目前产能5GW·h，未来规划12GW·h
			日本德岛	50万辆电动汽车供应
			日本洲本	5GW·h（2023年）
			日本住之江	6亿块电池
			日本贝冢	20GW·h（2023年）
			日本和歌山	4680圆柱，数量未知
			日本姬路（合资）	规划8GW·h（2023年）20GW·h（2028年）
			日本加西（合资）	—
			美国内达华	总产能35GW·h、50万辆电动汽车供应，未来规划54GW·h
			美国堪萨斯	规划中
SK on	方形	三元	中国常州·北汽合资	10GW·h（2028年）
			中国盐城·亿纬合资	27GW·h
			中国盐城二工厂	33GW·h
			中国惠州·亿纬合资	10GW·h
			韩国瑞山	4.7GW·h（2022年）
			匈牙利伊万乔工厂	—
			匈牙利科马罗姆第一工厂	7.5GW·h
			匈牙利科马罗姆第二工厂	10GW·h
			匈牙利	30GW·h
			土耳其	30~45GW·h
			美国佐治亚第一工厂	9.8GW·h

（续）

企业名称	主要产品类型	技术路线	地址/企业	产能规划及时间
SK on	方形	三元	美国佐治亚第二工厂	11.7GW·h
			美国田纳西州生产基地（福特合资）	43GW·h
			美国肯塔基州工厂（福特合资）	86GW·h
			美国（现代合资）	20GW·h
三星SDI	方形、圆柱	三元	韩国蔚山工厂	23GW·h（2023年）
			中国天津工厂	—
			中国西安工厂	25GW·h（2023年） 32GW·h（2028年）
			马来西亚	8~12GW·h
			匈牙利工厂	12GW·h（2023年） 20GW·h（2028年）
			美国印第安纳州科科莫（Stellantis合资）	33GW·h（2025年） 34GW·h（2027年）

动力电池
氢燃料电池
2022——2023

中国汽车动力电池及
氢燃料电池产业
发展年度报告

2022—2023 年

第五部分
附　录

附录 A 2022 年中国新能源汽车动力电池装车明细

序号	企业名称	装车量 /MW·h
1	宁德时代	142018.9
2	比亚迪	69101.7
3	中创新航	19235.8
4	国轩高科	13325.5
5	欣旺达	7732.5
6	亿纬锂能	7179.3
7	蜂巢能源	6102.9
8	孚能科技	5357.8
9	LG 新能源	5203.2
10	瑞浦兰钧	4518.9
11	捷威动力	2430.5
12	正力新能	2357.4
13	多氟多	1762.0
14	力神	1521.0
15	鹏辉能源	1288.5
16	华鼎国联	1046.3
17	星恒电源	707.0
18	北电爱思特	675.9
19	盟固利	557.7
20	领湃新能源	416.6
21	安驰新能源	415.0
22	PPES	364.5
23	河南锂动	268.4
24	远景动力	195.8
25	三星	172.3
26	格力钛新能源	89.6
27	天劲新能源	88.4
28	赣锋锂电	87.4

（续）

序号	企业名称	装车量 /MW·h
29	微宏动力	78.9
30	比克电池	71.1
31	万向一二三	62.4
32	航天锂电	45.3
33	中比新能源	28.5
34	银隆新能源	26.0
35	松下	18.5
36	天能新能源	17.5
37	宇量电池	11.7
38	巨湾技研	10.0
39	德亚电池	8.6
40	春兰研究院	7.6
41	上海奥威科技	6.0
42	中化国际	5.4
43	南都电源	5.1
44	河南顺之航	4.3
45	山东威能	3.3
46	陕煤化工	3.2
47	亿鹏能源	3.0
48	平煤国能	2.6
49	桑顿新能源	2.0
50	力信	1.6
51	卡耐新能源	1.4
52	联动天翼	1.1
53	沃特玛	1.0
54	江海储能技术	0.1
55	保力新电池	0.1
56	远东电池	0.0
57	衡远新能源	0.0

附录 B　2022 年中国动力电池产业链相关投资情况

表 B.1　2022 年锂电池投资扩产项目汇总

投资主体	新建项目	金额	产能	地点
宁德时代	动力电池系统生产线	73.4 亿欧元	100GW·h	匈牙利德布勒森市
	与 IBI 合资印尼电池制造项目	16.38 亿美元	—	印度尼西亚北马鲁古
	厦门时代新能源电池产业基地	130 亿元	—	福建厦门
	洛阳新能源电池生产基地	140 亿元	—	河南洛阳
	济宁新能源电池产业基地	140 亿元	—	山东济宁
比亚迪	襄阳产业园	一期 100 亿元	30GW·h	湖北襄阳
	浙江仙居刀片电池项目	100 亿元	22GW·h	浙江仙居
	动力电池盐城基地二期项目	75 亿元	15GW·h	江苏盐城
	江西宜春项目	285 亿元	30GW·h	江西宜春
	新能源动力电池生产基地项目	—	20GW·h	浙江温州
弗迪电池 / 安凯客车 / 江淮汽车 / 浙储能源	新能源动力电池生产工厂		10~20GW·h	—
中创新航	动力电池及储能系统广州基地	200 亿元	50GW·h	广东广州
	动力电池及储能系统江门基地	200 亿元	50GW·h	广东江门
	广东江门 10GW·h 扩产项目	—	10GW·h	广东江门
	武汉基地动力及储能电池扩产项目	120 亿元	30GW·h	湖北武汉
	动力电池及储能电池成都基地二期项目	150 亿元	30GW·h	四川成都

（续）

投资主体	新建项目	金额	产能	地点
中创新航	动力电池及储能系统眉山基地	100 亿元	20GW·h	四川眉山
	葡萄牙动力电池基地	—	—	葡萄牙
亿纬锂能	20GW·h 方形磷酸铁锂电池 +48GW·h 动力储能电池	126 亿元	68GW·h	湖北荆门
	匈牙利动力电池制造厂	—	—	匈牙利
	年产 50GW·h 动力储能电池生产基地	200 亿元	50GW·h	四川成都
	年产 10GW·h 动力储能电池项目	30 亿元	10GW·h	云南玉溪
	年产 10GW·h 动力储能电池项目	30 亿元	10GW·h	云南曲靖
	储能与动力电池项目	100 亿元	40GW·h	辽宁沈阳
	21700 型圆柱锂电池制造项目	4.22 亿美元	—	马来西亚
欣旺达 / 东风集团 / 东风鸿泰	欣旺达东风宜昌动力电池生产基地	120 亿元	30GW·h	湖北宜昌
欣旺达	欣旺达新能源生产基地	120 亿元	30GW·h	广东珠海
	什邡动力电池和储能产业生产基地	80 亿元	20GW·h	四川什邡
	高性能圆柱锂离子电池项目	23 亿元	3.1 亿只	浙江兰溪
	动力电池及储能电池生产基地	213 亿元	50GW·h	浙江义乌
赣锋锂业	新型锂电池基地及产业链配套项目	300 亿元	30GW·h	江西宜春
	东莞麻涌赣锋锂电项目	50 亿元	—	广东东莞
孚能科技	磷酸铁锂电池项目	—	24GW·h	云南安宁
	江西赣州新能源电池项目	185 亿元	30GW·h	江西赣州
蜂巢能源	蜂巢达州锂电产业园	170 亿元	30GW·h	四川达州
	德国电芯工厂	—	16GW·h	德国勃兰登堡州

（续）

投资主体	新建项目	金额	产能	地点
远景动力	高端动力电池生产基地	—	40GW·h	湖北十堰
	西班牙电池工厂	—	30GW·h	西班牙
	智能电池产业基地	—	30GW·h	河北沧州
	动力电池超级工厂	—	30~40GW·h	美国肯塔基州
	零碳电池工厂		30GW·h	美国南卡罗莱纳州
吉利科技	吉利科技年产12GW·h动力电池项目	—	12GW·h	浙江杭州
	磷酸铁锂动力电池生产线及相关配套	—	12GW·h	安徽宣城
耀宁科技	磷酸铁锂电池项目	100亿元	20GW·h	江西鹰潭
	新能源动力电池项目	155亿元	一期12GW·h	河北唐山
	磷酸铁锂电池及系统总成项目	102.3亿元	12GW·h	江苏盐城
国轩高科	动力电池生产基地	75亿元	10GW·h	广西柳州
	德国哥廷根动力电池工厂	—	20GW·h	德国哥廷根
	动力电池基地	67亿元	20GW·h	安徽合肥
	动力电池基地	48亿元	10GW·h	广西柳州
广汽集团	自主电池工厂	109亿元	26.8GW·h	—
	巨湾技研电池生产基地	36.9亿元	—	—
瑞浦兰钧	电芯及配套项目	—	24GW·h	浙江温州
青山实业/上汽集团	动力电池及系统产业基地	100亿元	20GW·h	广西柳州
鹏辉能源	储能电池项目	60亿元	20GW·h	浙江衢州
捷威动力	锂电池生产基地	100亿元	20GW·h	安徽天长
	武汉新能源电池基地	—	30GW·h	湖北武汉
楚能新能源	楚能新能源锂电池产业园	675亿元	150GW·h	湖北孝感
	锂电池产业园项目	600亿元	150GW·h	湖北宜昌
派能科技	锂电池研发制造基地	50亿元	10GW·h	安徽合肥

（续）

投资主体	新建项目	金额	产能	地点
星恒电源	星恒电源16GW·h动力电池项目	50亿元	16GW·h	江苏盐城
珠海冠宇	高性能新型锂离子电池项目	40亿元	15GW·h	重庆万盛
正通云极	新能源锂电池产业链项目	10亿元	—	新疆阿拉山口
卫蓝新能源	固态锂电池项目	400亿元	100GW·h	山东淄博
天能集团	高能锂离子储能电池综合产业园项目	—	—	山东威海
	储能及动力锂电池项目	51.7亿元	15GW·h	浙江湖州
天劲新能源	动力电池及配套产业项目	100亿元	20GW·h	安徽安庆
太蓝新能源	半固态动力电池产业基地	70亿元	10GW·h	安徽淮南
圣阳股份/山东国惠集团	圆柱锂电池项目	16亿元	4GW·h	山东泰安
上海百予	锂电池制造项目	105亿元	25GW·h	内蒙古东胜
海辰储能	新一代储能锂电池生产基地	130亿元	50GW·h	重庆铜梁
懋略科技	懋略储能系统用锂电池项目	120亿元	10GW·h	江苏南通
立业集团	锂电池生产基地	136亿元	39GW·h	四川遂宁
蓝腾科技/比克电池	聚合物锂离子电池项目	10亿元	日产20万只	安徽合肥
金彭集团	新能源动力电池包项目	50亿元	—	安徽淮北
华美兴泰	华美兴泰家庭储能生产基地	30亿元	15GW·h	江苏盐城
厚鼎能源	软包锂离子动力电池项目	30亿元	6GW·h	安徽桐城
红豆股份	大功率固态电池项目	15亿元	3GW·h	内蒙古乌兰察布
横店东磁	年产6GW·h高性能锂电池项目	18.33亿元	6GW·h	浙江东阳
海能实业	储能电池项目	18.6亿元	4GW·h	江西安福

（续）

投资主体	新建项目	金额	产能	地点
鼎峰锂能	21700 锂电池生产项目	10 亿元	日产 30 万只	湖南永州
	新能源高能量密度电池电芯项目	11 亿元	—	安徽亳州
德赛电池	德赛电池 20GW·h 储能电芯项目	75 亿元	20GW·h	长沙望城
道一能源	年产 6 亿只圆柱锂离子电池项目	20 亿元	6 亿只	福建三明
春兰清能	春兰高性能锂离子电池项目	50 亿元	15GW·h	江苏泰州
创明新能源	全自动电芯生产线及配套 PACK 生产线、储能板块生产制造基地	120 亿元	—	四川绵阳
	创明电池北方数字化基地	50 亿元	10GW·h	山东烟台
龙净环保	磷酸铁锂储能电芯项目	20 亿元	5GW·h	福建龙岩
龙净环保 / 蜂巢能源	新能源电池储能模组 PACK 和系统集成项目	5 亿元	2GW·h	福建龙岩
蔚蓝锂芯	圆柱锂电池制造项目	2.8 亿美元	10GW·h	马来西亚
昆宇电源	储能锂电池电芯生产基地	30 亿元	6GW·h	山东东营
河南锂动力	动力锂电池项目	50 亿元	10GW·h	湖北房县
宝马集团	宝马全新动力电池项目	100 亿元	—	辽宁沈阳
埃克森新能源	埃克森新能源（祥云）电池产业园项目	85 亿元	18GW·h	云南大理
高登赛能源 / 华能山东	3.5GW·h 高效锂电池电芯产业基地项目	20 亿元	3.5GW·h	山东东营
大中矿业 / 国城控股 / 上海锦源晟 / 景成投资	10GW·h 锂电池制造项目	20 亿元	10GW·h	内蒙赤峰
海四达	钠离子及锂离子电池数字化工厂	2.18 亿元	1.3GW·h	江苏南通
达志科技	锂离子电池产线项目	不超 10.2 亿元	3.1GW·h	湖南衡阳
盛虹集团	新型储能电池及系统集成项目	120 亿元	25GW·h	江苏泰州
安瓦新能源	半固态动力电池项目	60 亿元	10GW·h	山东烟台

（续）

投资主体	新建项目	金额	产能	地点
中储科技	武汉锂电池智能储能PACK生产线及储能研究院项目	10亿元	6GW·h	湖北武汉
大为股份	20GW·h锂电池相关生产项目	120亿元	20GW·h	湖南郴州
劲胜新能源	26700锂电池生产线	20亿元	4GW·h	江苏扬州
盛利集团	磷酸铁锂动力电池项目	5亿元	——	湖南永州
紫建电子	万州大容量新兴消费类产品电芯及PACK项目	1.56亿元	——	重庆万州
南都电源	年产10GW·h智慧储能系统建设项目	20亿元	10GW·h	江苏扬州
鞍重股份	40GW·h混合储能及电芯项目	160亿元	40GW·h	湖南郴州

表B.2 2022年正极材料及上游原材料投资扩产项目汇总

投资主体	投资金额	项目概述
新洋丰	30亿元	公司全资子公司洋丰楚元拟与湖北省宜昌市宜都市人民政府签订《招商引资项目投资/服务协议书》，建设年产10万t磷酸铁和5万t磷酸铁锂生产线，配套10万t精制磷酸生产线
德方纳米	75亿元	拟在曲靖经济技术开发区建设"年产33万吨新型磷酸盐系正极材料生产基地项目"
	20亿元	公司拟在曲靖市沾益区建设"年产2万吨补锂剂项目"
	80亿元	拟在阿坝州马尔康市建设年产3万t碳酸锂生产基地；在成都市金堂县建设正极补锂添加剂等新型锂电核心材料生产及研发基地
德方纳米/黑金能源	25亿元	德方纳米全资子公司曲靖德方、黑金能源拟共同出资在曲靖市沾益工业园区花山片区投资新建"焦化联产锂电材料配套项目"
金圆股份	8亿元	控股子公司锂源矿业拟在西藏阿里地区投资8亿元建设"捌千错盐湖万吨级锂盐项目"
伟明环保	17.39亿元	公司以自有资金和银行贷款不超过17.39亿元投资高次镍项目
	——	公司与盛屯矿业、青山控股签署《锂电池新材料项目战略合作框架协议》，三方拟合作在温州市共同规划投资开发建设高冰镍精炼、高镍三元前驱体生产、高镍正极材料生产及相关配套项目，年产20万t高镍三元正极材料

（续）

投资主体	投资金额	项目概述
京阳科技	26亿元	阳信县人民政府与山东京阳科技股份有限公司总经理韩吉川通过视频连线的方式共同签署了项目投资协议书，京阳科技10万t／年新能源锂电池材料前驱体项目签约成功
格林美	—	公司与新洋丰签署协议，从2022年起，2年内，新洋丰牵头开发磷资源，牵头投资建设不小于年15万t的磷酸铁材料及配套的磷酸基础化学品项目；格林美牵头开发下游市场，并牵头发展磷酸铁锂制造技术，牵头建设不小于年产10万t的磷酸铁锂材料项目
格林美	—	公司和匈牙利驻上海总领事馆就新能源汽车用高镍前驱体生产及报废动力电池循环回收项目投资事项，签署《新能源汽车用高镍前驱体生产及报废动力电池循环回收项目合作备忘录》
常青新能源	23亿元	吉利集团、巴斯夫杉杉、紫金矿业与福建省上杭县政府举行项目签约仪式，总投资23亿元的三元前驱体研发生产及电池资源化利用二期项目正式落地
云图控股	21.5亿元	拟在湖北襄阳精细化工园区投建绿色化工循环产业园项目，包括年产10万t电池级磷酸铁项目、年产100万t选矿项目、年产20万t湿法磷酸（折100%P_2O_5）项目、年产10万t精制磷酸（85%H_3PO_4）项目等
丰元股份	一期10亿元	公司或全资子公司拟在云南省玉溪市辖区范围内投资建设总规模20万t锂电池高能正极材料项目及配套建设相应规模的锂盐、磷酸铁项目
龙佰集团	20亿元	公司控股子公司湖北佰利万润新能源有限公司拟投资建设年产15万t电子级磷酸铁锂项目
藏格矿业	—	公司与超级资源签署独家战略合作协议，双方就超级资源持有100%股权的阿根廷Laguna Verde盐湖锂项目开展投资合作
中化国际	—	中化国际与江苏乐能在江苏丹阳签署战略合作框架协议。根据协议，双方将探索建设极具性价比与核心竞争力的磷酸铁锂正极材料生产基地
石大胜华	16.3亿元	全资子公司胜华新能源科技（东营）有限公司拟投资建设27t／年正极补锂剂项目、1万t／年新型导电剂项目以及1万t／年氟代溶剂项目
亿纬锂能／恩捷股份／云天化／华友控股	一期及二期合计517亿元	公司与云南省玉溪市人民政府、恩捷股份、云天化、华友控股签订《新能源电池全产业链项目合作协议》。在电池及下游材料建设方面，亿纬锂能、恩捷股份、华友控股、云天化计划未来围绕玉溪市目标矿产资源，在玉溪市建设新能源电池、锂电池隔离膜、磷酸铁及磷酸铁锂、铜箔项目等电池配套项目
永兴材料	不超25亿元	公司与宁德时代拟成立合资公司，共同投资建设碳酸锂项目并开展相关产品领域合作。其中，碳酸锂项目计划总投资金额不超过25亿元，规划建设年产5万t碳酸锂产能项目

（续）

投资主体	投资金额	项目概述
永兴材料	5.03 亿元	项目位于江西省宜春市宜丰县花桥乡，拟建设 2 条 150 万 t 自动化高效锂矿石处理生产线，项目建设期为 2022—2023 年
川发龙蟒	120 亿元	拟以全资子公司德阳川发龙蟒新材料有限公司为主体在德阿产业园投资 120 亿元建设德阳川发龙蟒锂电新能源材料项目
	72.5 亿元	公司董事会同意全资子公司攀枝花川发龙蟒投资建设年产 20 万 t 新材料项目
	4.9 亿元	公司董事会同意全资孙公司南漳龙蟒磷制品在南漳县武安镇赵家营村襄阳循环经济产业园投资建设年产 5 万 t 新能源材料磷酸铁项目，同时建设年产 40 万 t 硫磺制酸
中矿资源	10 亿元	公司通过下属全资公司春鹏锂业在江西省新余市投资建设年产 3.5 万 t 高纯锂盐项目
富临精工	50 亿元	公司子公司江西升华与宜春经开区管委会签署《合作框架协议》，将在宜春经开区投资年产 20 万 t 新型高压实磷酸铁锂正极材料及配套主材一体化项目、研发中心及科技平台
	10.6 亿元	公司董事、监事会会议审议通过并同意公司对用于"新能源汽车智能电控产业项目"中的"智能热管理系统"项目的募投用途予以变更，投入到由江西升华全资子公司富临新能源实施的年产 6 万 t 磷酸铁锂正极材料项目
道氏技术	100 亿元	公司与芜湖经济技术开发区管理委员会签订"年产 10 万吨三元前驱体项目"投资合作合同
	公司投资不超 10 亿元	公司与印度尼西亚华迪投资集团拟签署《合作投资框架协议》，双方将在印度尼西亚共同投资设立合资公司，建设年产 2 万 t 高冰镍项目
鞍重股份	4.87 亿元	公司控股子公司领能锂业拟投资年产 2 万 t 磷酸铁锂生产线（一期）建设项目，一期项目的设计规模为年产 1 万 t 电池级碳酸锂
	10 亿元	项目暂定于 2023 年开始建设，在土地摘牌后 12 个月内投产第一期 2.5 万 t 碳酸锂生产项目。项目实行整体规划、分期供地实施，一期用地约 389 亩[①]，二期计划用地约 339 亩
	100 亿元	公司与企业联合体拟在湖南郴州联合投资含锂多金属矿采选、碳酸锂、混合储能及电芯项目，分三期建设，项目总投资约 260 亿元。其中，公司投资采选及尾渣处理项目及投资碳酸锂加工项目合计为 100 亿元
合纵科技	40 亿元	公司控股孙公司贵州雅友拟在瓮安经济开发区基础工业园内投资约 40 亿元，建设年产 30 万 t 电池级磷酸铁一体化整体项目（包括磷矿制酸、硫铁矿制酸的磷酸铁全产业链项目）

（续）

投资主体	投资金额	项目概述
金浦钛业	100 亿元	公司拟在安徽（淮北）新型煤化工合成材料基地投资建设 20 万 t/年电池级磷酸铁、20 万 t/年磷酸铁锂等新能源电池材料一体化项目
赣锋锂业	—	公司与合作方 MRL 一致同意对合资公司 RIM 旗下 Mt Marion 锂辉石项目的矿石处理产能进行升级改造。根据测算结果，预计 2022 年 4 月前，Mt Marion 锂辉石项目的锂精矿产能将由原来的 45 万 t/年增加至 60 万 t/年。同时，RIM 正在规划第二阶段的产能扩建，计划将现有锂精矿产能扩张至 90 万 t/年，预计在 2022 年年底前完成
	—	赣锋锂业与四川省达州市宣汉县人民政府签署《招商引资补充协议》，投资建设锂辉石提锂年产 5 万 t 电池级基础锂盐项目
	150 亿元	项目建设锂矿采选冶一体化项目，其中，投资 100 亿元建设年产 5 万 t 电池级锂盐及热电联产配套项目；投资 50 亿元建设年产 600 万 t 锂矿采选综合利用项目
	—	拟在宜春经济技术开发区投资建设年产 7000t 金属锂项目，拟在奉新县投资建设年产 5 万 t 电池级锂盐及锂矿采选综合利用项目；拟在丰城市投资建设年产 5 万 t 氢氧化锂项目
江特电机	20 亿元	公司拟与全资子公司江特矿业投资新建 300 万 t/年锂矿采选及 2 万 t/年锂盐项目
龙蟠科技	19 亿元	公司拟与襄阳市襄城区人民政府签署《投资合同书》，计划投资 19 亿元在襄城区建设磷酸铁锂正极材料生产基地项目
	9 亿元	公司拟与唐山鑫丰锂业有限公司共同在湖北省或河北省唐山市投资开发建设年产 3 万 t 氢氧化锂/碳酸锂项目
	15 亿元	公司与江苏省张家港保税区管委会签订补充协议，拟将原投资项目"车用环保精细化学品项目"变更为"三元正极材料前驱体及其他项目"，并增加投资额至 15 亿元
安纳达/国轩高科	—	安纳达公司控股子公司铜陵纳源拟与国轩高科旗下公司合肥国轩科宏共同投资设立铜陵安轩达新能源材料有限公司，建设 5 万 t/年高性能磷酸铁项目
宁德时代	不超过 59.68 亿美元	公司拟由控股子公司普勤时代与合作方 ANTAM、IBI 在印度尼西亚北马鲁古省东哈马黑拉县的 FHT 工业园区及印度尼西亚其他相关工业园区共同投资建设动力电池产业链项目
厦钨新能	4.71 亿元	公司拟在厦门海璟基地新建综合生产车间，并通过设备采购安装实现年产 15000t 锂离子正极材料产能
	24.45 亿元	计划在宁德基地新建 CD 生产车间，并通过设备采购安装实现新增年产 70000t 锂离子电池正极材料产能，建设周期为 35 个月
华友钴业	—	公司与淡水河谷印度尼西亚签署合作框架协议，双方计划合作高压酸浸湿法项目。项目规划产能为年产不超过 12 万 t 镍金属量的氢氧化镍钴（MHP）产品

（续）

投资主体	投资金额	项目概述
华友钴业	4371 亿韩元	控股子公司巴莫科技与 LGBCM 签署《新股认购合同》，与 LG 化学签署《株式会社 LGBCM 相关股东协议》。后续 LGBCM 拟建设年产 6.6 万 t 三元正极材料产能
	14.94 亿元	拟通过全资子公司华友衢州建设，项目设计规模为年产 3 万 t（金属量）硫酸镍与年产 2 万 t（金属量）电解镍，总投资为 14.94 亿元
芳源股份	10 亿元	公司与飞南资源、超成投资签订《合作框架协议》。各方拟围绕三元正极材料前驱体业务开展全方位合作，共同出资在来宾市象州县设立一家项目公司（具体名称由各方在设立时协商确定），投资总额暂定 10 亿元，注册资本 3 亿元，项目公司计划年产 5 万 t 三元正极材料前驱体产品
万里石	—	公司拟通过控股子公司与柴达木地矿共同出资 5000 万元设立盐湖资源开发项目公司，由项目公司投资建设电池级碳酸锂量产项目
安宁股份	5 亿元	公司召开会议审议通过了《关于对外投资的议案》，计划推进磷酸铁锂项目之一期建设年产 5 万 t 磷酸铁项目
中伟股份	12.6 亿美元	公司 3 个香港子公司分别与 RIGQUEZA 签署《红土镍矿冶炼年产高冰镍含镍金属 4 万吨（印尼）项目合资协议》，由 3 个香港子公司分别与 RIGQUEZA 在印度尼西亚哈马黑拉岛 WedaBay 工业园（IWIP）内投资建设"红土镍矿冶炼年产高冰镍含镍金属 4 万吨项目"
融捷集团	100 亿元	5 月 18 日，安徽巢湖经济开发区与融捷集团签署合作协议，融捷锂电池材料项目落户安徽合肥
	逾 100 亿元	广州南沙经济技术开发区投资促进局与融捷集团进行项目投资协议签约。融捷将在南沙投资逾百亿元，建设锂离子电池与电池正极材料生产基地项目
	50 亿元	融捷集团项目拟依托世界第二、亚洲最大的甘孜甲基卡锂辉矿资源，投资建设年产 8 万 t 磷酸铁锂正极一体化材料生产基地项目
盐湖股份	70.82 亿元	公司拟投资新建 4 万 t/ 年基础锂盐一体化项目，总投资约 70.82 亿元
吉林吉恩	13.4 亿元	公司投资 13.4 亿元建设年产 6 万 t 硫酸镍项目
钠创新能源	—	浙江省绍兴市越城区、滨海新区举行二季度重大项目竣工投产暨集中签约仪式。其中，钠创新能源 8 万 t 钠离子电池正极材料项目由滨海新区管委会立项报批，在此次大会上正式签约
川能动力 / 蜂巢能源 / 亿纬锂能	15 亿元	川能动力、蜂巢能源和亿纬锂能在四川成都签署合作协议，三方宣布将组建合资公司，共同在四川德阳市绵竹市汉旺镇德阳 – 阿坝生态经济产业园投资建设 3 万 t/ 年锂盐项目，以加快在四川的锂电产业布局

（续）

投资主体	投资金额	项目概述
川发龙蟒	—	公司与中创新航、圣洁甘孜、眉山产投共同出资成立四川甘眉新航新能源资源有限责任公司。各方以合资公司为主体在甘孜州投资建设锂资源深加工项目，开展甘孜州锂矿资源勘探开发、矿产品贸易、精深加工等业务
	4.9 亿元	全资子公司荆州川发龙蟒新材料有限公司在湖北省荆州市松滋经济开发区临港工业园建设年产 5 万 t 磷酸铁及 40 万 t 硫磺制酸项目，项目自取得建筑工程施工许可证之日起 18 个月内竣工投入生产
川金诺	39 亿元	公司与广西防城港市人民政府签署《川金诺新能源电池材料系列项目投资协议》，对磷酸铁及其配套项目、磷酸铁锂项目投资建设事宜进行了约定
惠云钛业	100 亿元	公司与云安区政府、云硫矿业签订《项目投资框架协议》。各方拟共同打造 100 亿投资规模新能源材料产业园，在云浮市构建"硫－磷－钛－铁－锂－钙"产业生态链
科力远	不低于 35 亿元	公司或关联公司拟在宜丰县人民政府工业园区布局投资 3 万 t 电池级碳酸锂材料项目、6 万 t 高功率磷酸铁锂正极材料项目以及混合动力技术平台项目
国轩高科	—	国轩高科（美国）有限公司与胡胡伊省国家能源矿业公司在阿根廷签订合作协议，双方决定合资建立国轩胡胡伊矿业有限公司（暂定名），规划建设电池级碳酸锂生产线，进一步推动公司供应链全球化战略落地
史丹利	44.7 亿元	公司以控股子公司史丹利宜化作为项目实施主体，在湖北省松滋市建设新能源材料前驱体磷酸铁及配套项目
洛阳钼业	不超过 18.26 亿美元	公司拟在不超过 18.26 亿美元范围内投资建设 KFM 开发项目（一期）
当升科技	1.59 亿元	拟在自有用地建设年产 1 万 t 前驱体产能及配套辅助设施，项目周期 14 个月
	70 亿元	当升科技联合四川蜀道新材料科技集团股份有限公司拟在四川攀枝花签订《30 万吨／年磷酸（锰）铁锂项目合作协议》，预计于 2028 年 12 月 31 日前全部建成达产，远期拟规划再建设年产 20 万 t 磷酸（锰）铁锂生产线
	100 亿元	当升科技联合四川蜀道新材料科技集团股份有限公司共同合资新设公司为项目公司建设运营 20 万 t/年三元正极材料生产项目
海南矿业	10.56 亿元	海南矿业公告拟投建 2 万 t 电池级氢氧化锂项目（一期），用于原料锂辉石采购运输、年产 2 万 t 电池级氢氧化锂生产线及配套工程、辅助设施的建设
龙佰集团	18 亿元	项目将依托副产 100 万 t/年硫酸亚铁为主要原料，生产 20 万 t 磷酸铁前驱体及 20 万 t 磷酸铁锂电池正极材料

（续）

投资主体	投资金额	项目概述
福华通达	约 220 亿元	四川乐山五通桥区人民政府与福华通达农药科技有限公司签订《福华先进材料产业园项目投资协议》，其中包含 10 万 t 磷酸铁锂正极材料
科恒股份	18.08 亿元	项目拟于珠海市金湾区辖区内投资建设，其中，科恒股份新能源材料项目规划用地约 86000m², 拟建设 15000t 钴酸锂正极材料、3000t 三元镍钴锰正极材料、20000t 磷酸铁锂正极材料及 2000t 稀土功能材料，投资额不低于 16 亿元
亿纬锂能 / 紫金锂业 / 瑞福锂业	30 亿元	三方拟合作在湖南省成立合资公司，分期投资建设年产 9 万 t 锂盐项目，其中一期建设年产 3 万 t 碳酸锂锂盐项目，对应投资额约人民币 9 亿元（含注册资本金 3 亿元）
创普斯	105 亿元	创普斯 18 万 t 磷酸铁锂和 12 万 t 硅碳负极项目，项目已于 8 月 21 日开工启动，位于枣庄台儿庄
伟明环保 / 永青科技 / 盛屯矿业 / 欣旺达	191 亿元	各方合作在温州市共同规划投资开发建设高冰镍精炼、高镍三元前驱体生产、高镍正极材料生产及相关配套项目，年产 20 万 t 高镍三元正极材料，本项目规划建设总投资预计约为 115 亿元，全部达产后运营期流动资金总需求约 76 亿元
迪生力	20 亿元	项目拟选地块位于广东省江门市新会区古井镇珠西新材料集聚区，投资建设 5 万 t/ 年废旧锂离子电池电极粉再生利用及 5 万 t/ 年高镍三元锂电前驱体（NCA/NCM）项目
光华科技	2.47 亿元	公司在汕头金平现有厂区建设年产 3.6 万 t 磷酸锰铁锂及磷酸铁正极材料，项目建设周期 12 个月
金浔股份	一期约 1 亿美元	项目拟在安徽合肥庐江高新区龙桥化工园投资建设，预计形成年产 1 万 t 四氧化三钴、4 万 t 三元正极材料前驱体的生产能力，项目拟分三期建设，其中一期总投资约 1 亿美元（折合约 6.7 亿元人民币）
中科锂电	52.2 亿元	年产 10 万 t 磷酸铁锂正极材料及 5 万 t 磷酸铁材料的中科锂电项目由中科锂电新能源有限公司拟于淮北高新区投资建设，项目分两期建设
东阳光	14 亿元	年产 5 万 t 锂离子电池正极材料磷酸铁锂项目由全资子公司乳源东阳光新能源材料有限公司投建，位于乳源瑶族自治县乳城镇共和村，项目建设期为 15 个月，分两期建设，其中一期项目年产 3 万 t，二期项目年产 2 万 t
新纶新材	42 亿元	新纶新材与珠海市富山工业园管委会和格创投控签订《战略合作框架协议》，共同打造新能源电池材料产业园和光电材料产业园，项目分两期实施
天力锂能	3.69 亿元	年产 1 万 t 电池级碳酸锂项目由河南新天力循环科技有限公司实施，位于河南省平顶山市叶县廉村镇，建设周期 12 个月

（续）

投资主体	投资金额	项目概述
天力锂能	4.17亿元	年产1万t电池级碳酸锂项目，项目位于四川省雅安市经济开发区，建设周期24个月
	177亿元	由天力锂能企业管理（河南）集团有限公司投资177亿元建设，计划合作推进锂电池正极材料、年产10GW·h电池电芯、年产10GW·h智能储能装备、30万t/年锂电池回收循环利用等项目，预计2022年年底开工，建设周期为36个月
润建股份	3.5亿元	年产4万t新型锂电材料项目，位于南宁武鸣伊岭工业集中区。预计项目投产第一年年产值2亿元，纳税额约300万元；投产第二年年产值4亿元，纳税额约700万元
七彩化学/美联新材	25亿元	双方暂定共同投资25亿元，建设年产18万t电池级普鲁士蓝（白）产业化项目，致力于钠离子电池正极材料普鲁士蓝（白）系列产品的研究开发及产业化
惠云钛业	6.33亿元	拟以全资子公司云浮惠云新材料有限公司为主体，建设年产10万t新能源材料磷酸铁项目，项目建设工期预计为12个月
天奈科技/锦源晟/国城矿业	10亿元	三方拟设立两家合资公司，分别从事磷酸铁锂、磷酸锰铁锂新型正极材料及锂电池正极材料前驱体业务。正极公司预计产能为10万t/年新型正极材料，分期建设
格林美/伟明环保/永青科技	130亿元	温州新能源电池材料低碳产业园项目规划建设"一示范、二中心、三基地"，总投资约108亿元；温州绿色循环经济产业园项目计划总投资22亿元，建设年10万t动力电池与电池废料回收和10万辆报废汽车回收利用的绿色循环经济产业园，并布局相关锂电池新材料项目
陕西聚泰	35亿元	项目由陕西聚泰新材料科技有限公司投建，主要投资建设新能源电池正极（主要指三元）材料及关联产品，项目建成达产后，每年将生产出20万t电池级高效硫酸镍、1.5万t硫酸钴、1.5万t硫酸锰、1000t碳酸锂，以及偏钒酸铵、钼酸等多个产品
成都开飞	约10亿元	成都开飞高能化学工业有限公司与合江县人民政府成功签约高纯及电池级锂盐生产项目
大中矿业	160亿元	计划在临武县人民政府按照每5GW·h电池项目配置1万t碳酸锂资源标准的情况下，采选项目投资40亿元，管道输送、碳酸锂加工以及新型建材项目投资20亿元，锂电池生产项目投资100亿元
大中矿业/国城控股/上海锦源晟/景成投资	约86亿元	各方计划在赤峰市克什克腾旗投资约200亿元，打造锂电全产业链"低碳"产业园区，其中包含4万t/年锂盐项目、其他锂盐项目、电池正极材料生产项目
志存锂业	130亿元	志存锂电新材料产业园项目由志存锂业集团有限公司投资兴办，项目总投资130亿元，其中固定资产投资80亿元，将建设年产8万t碳酸锂上下游生产项目

（续）

投资主体	投资金额	项目概述
金石资源	1.9 亿元	年处理 100 万 t 锂云母细泥提质增值选矿厂建设项目，控股子公司金岭锂业投资建设项目达产后，初步预计年产氧化锂含量为 2.0%~2.5% 的锂云母精矿约 10.8 万 t、精品陶瓷细泥约 89.2 万 t
富临精工	35 亿元	年产 20 万 t 新型高压实磷酸铁锂及配套主材一体化项目，根据目前的资源和要素配置，江西升华拟在宜春基地现有厂区内启动项目一期投建，投资新建年产 15 万 t 新型高压实磷酸铁锂及配套主材一体化项目
富临精工 / 江特电机	—	年产不低于 5 万 t 新型锂盐项目，合资公司拟投资金额为 5 亿元，其中，富临精工或公司指定关联方拟持有合资公司 51% 的股权；江特矿业拟持有合资公司 49% 的股权
富临精工 / 赣锋锂业	—	年产 20 万 t 磷酸二氢锂一体化项目，富临精工、赣锋锂业双方拟按照 60%、40% 的股权比例设立合资公司，项目一期规划产能为 3 万 t/ 年，远期规划产能为 20 万 t/ 年
万里石	2 亿元	年产 5000t 电池级碳酸锂生产线，一期工程拟用 8 个月时间建成年产 2000t 电池碳酸锂生产线，一期项目投产后启动二期项目建设
陕煤研究院	约 61 亿元	计划新建 3.5 万 t/ 年高镍三元前驱体和 5 万 t/ 年高镍三元正极材料工业化生产线、1 万 t/ 年硅基负极材料工业化扩能生产线及配套公用工程和生产管理设施
国城集团	100 亿元	国城三元正极材料生产项目拟建设年产 10 万 t 正极材料生产线等项目，其中一期总投资 50 亿元，达产后年产锂电材料 5 万 t
	—	国城控股拟在四川绵竹签署《20 万吨基础锂盐项目投资协议》。根据协议内容，项目分三期建设，涉及锂精矿库、硫酸锂装置、碳酸锂装置、压缩空气站、总变电站等设施，将形成年产 20 万 t 基础锂盐生产能力。
万润新能	—	万润新能与房县人民政府拟共同投资建设新能源材料及循环经济产业园项目，包括磷酸铁锂、磷酸铁、磷盐、磷酸、磷矿石等一体化产业链材料
	—	万润新能与保康县人民政府拟共同投资建设磷酸铁锂循环一体化产业链项目，包括磷酸铁锂、磷酸铁、磷盐、磷酸、磷矿石等一体化产业链材料
	固定资产投资 13 亿元	公司拟在秦巴高新产业园建设"年产 10 万吨湖北万润新能源电池正极材料项目"，并指定由湖北十堰昊朔新能源科技有限公司负责项目的土地、厂房、办公楼及配套设施建设，并负责设备（含装备）采购及办理项目建设涉及的所有手续
吉利科技	—	吉利科技集团将在袁州区投资建设磷酸铁锂材料及 10 万 t 电池回收综合利用项目
中国有色矿业集团 / 厦门钨业	100 亿元	项目由中国有色矿业集团有限公司和厦门钨业共同投资建设，总投资 100 亿元，坐落于安徽铜陵经开区东部园区，主要产品为锂电池正极材料前驱体

（续）

投资主体	投资金额	项目概述
东方盛虹	186.84 亿元	配套原料及磷酸铁、磷酸铁锂新能源材料项目，公司二级控股子公司湖北海格斯新能源股份有限公司投资建设，项目总投资 186.84 亿元，建设期为 2 年
华福矿业	50 亿元	拟在江西丰城投建年产 4 万 t 碳酸锂一体化项目，总投资 50 亿元，项目占地 150 亩，项目达产后预期年产值达 200 亿元
科力远 / 合纵科技 / 科恒股份	—	三方拟在江西省宜春市宜丰县，共同投资建设磷酸铁锂、磷酸锰铁锂等新能源锂电池正极材料生产基地项目
盛屯矿业 / 厦钨新能 / 沧盛投资	11.65 亿元	公司拟与厦钨新能和厦门沧盛投资合伙企业（有限合伙）合资设立福泉厦钨新能源科技有限公司建设新能源动力电池三元前驱体生产线，首期建设年产 4 万 t 新能源电池前驱体生产线
欣旺达	165 亿元	公司拟分期在宜春市建设年产 30 万 t 正极材料项目，建设 50GW·h/ 年综合回收利用项目，建设年产 5 万 t 电池级碳酸锂项目
安达科技	40 亿元	安达科技将在广西壮族自治区横州市东部新城六景工业园区电池新能源产业园投资建设年产 20 万 t 磷酸铁锂项目
湖南海利	2.71 亿元	公司决定以全资子公司海利锂电公司为实施主体，投资建设 10000t/ 年锂电池正极材料技术改造二期项目
江西赛酷	50 亿元	江西赛酷拟在芦溪投资建设 2 条年产 1 万 t 电池级碳酸锂生产线

① 1 亩 =666.6m^2。

表B.3　2022 年负极材料投资扩产项目汇总

投资主体	投资金额	项目概述
湖南宸宇富基	44 亿元	湖南宸宇富基年产 15 万 t 锂离子电池负极材料项目签约广西玉林龙潭产业园区，项目分两期建设
鑫熵新材	8 亿元	鑫熵新材年产 5 万 t 锂电池负极材料项目签约落地湖南常德安乡县，项目分两期投资建设
尚纬股份	16 亿元	拟与海螺创业共同出资设立合资公司运营年产 20 万 t 动力储能电池负极材料一体化项目的首期 4 万 t 项目
贝特瑞	一期预投 23.92 亿元	拟在云南大理祥云县经开区投资建设年产 20 万 t 锂电池负极材料一体化基地项目
	50 亿元	拟在深圳市光明区内投资建设年产 4 万 t 硅基负极材料项目，分期建设
	97 亿元	昆明市滇中新区、安宁市与杉杉锂电签订年产 30 万 t 锂电池负极材料一体化基地项目合作协议

（续）

投资主体	投资金额	项目概述
贝特瑞	4.78 亿美元	贝特瑞全资子公司香港贝特瑞与 STELLAR 公司拟通过成立合资公司印度尼西亚贝特瑞，投资开发建设"年产 8 万吨新能源锂电池负极材料一体化项目"
	—	与黑龙江省交通投资集团有限公司签署合作协议，项目分三期建设。一期建设年产 20 万 t 鳞片石墨及 5 万 t 天然石墨负极一体化（含球形、提纯、成品等工序）。项目预计建设周期为 18 个月，一期总投资 18.16 亿元。二期规模同一期，三期建设 10 万 t 天然石墨负极一体化
贝特瑞 / 亿纬锂能	—	计划通过四川贝特瑞在四川省宜宾市屏山县屏山镇宋家坝产业园区合资建设锂电池负极材料一体化基地，项目建设目标为在 2024 年 6 月 30 日前形成年产 10 万 t 锂电池负极材料一体化产能，产能优先供给亿纬锂能
百川股份	14.2 亿元	拟发行不超 9.78 亿元可转债投建年产 3 万 t 负极材料（8 万 t 石墨化）项目
宏宇集团	53 亿元	广东宏宇集团有限公司与兰州新区"云签约"20 万 t 石墨化装置及 20 万 t 负极材料项目
国民技术	30 亿元	拟在湖北省随州市投资建设年产 10 万 t 新能源动力电池负极材料一体化项目，分两期建设
廷创企管	20 亿元	深圳市廷创企业管理集团有限公司年产 3 万 t 锂电池负极材料项目"云签约"落户贵州安龙合肥庐江高新区，项目分三期建设
晖阳新能源	—	晖阳新能源与山西临汾古县开发区就年产 3 万 t 负极材料项目落地线上签约
金汇能	30 亿元	金汇能与重庆市铜梁区、成都市青白江区、雅安市天全县签署合作协议：拟投资建设四川天全金亚能 15 万 t 石墨化项目，建设成为全产业链、一体化生产基地，包括石墨化 15 万 t、成品线 15 万 t；拟投资建设重庆金汇能 10 万 t 负极材料项目，其中硅基 1.5 万 t，预碳化线 10 万 t，以及一体化坩埚线和箱板线
东岛新能源	100 亿元	广东雷州媒体消息，东岛新能源 30 万 t/ 年动力与储能电池负极材料一体化项目落户雷州经济开发区
索通发展	首期 7.2 亿元	索通发展公告，拟在甘肃省嘉峪关市嘉北工业园区投建年产 20 万 t 锂离子电池负极材料一体化项目首期 5 万 t 项目
道氏技术	60 亿元	公司子公司格瑞芬拟在兰州新区新设控股子公司，投资建设年产 5000t 碳纳米管粉体、3 万 t 碳纳米管浆料（含相关产业链配套）和 15 万 t 硅碳、石墨负极材料及石墨化加工生产项目，分两期建设
	20 亿元	公司将以指定的子公司在龙南电子信息产业科技城投资兴办新能源电池材料项目。项目子公司主要经营范围为石墨烯、碳纳米管粉体、碳纳米管浆料、高纯石墨、球形石墨、可膨胀石墨、纳米硅、锂离子电池正负极材料、新能源电池材料、其他锂系列产品及原辅料、附属材料的研发、生产与销售

（续）

投资主体	投资金额	项目概述
石大胜华	11 亿元	石大胜华拟与员工持股平台乐营盈嘉合壹产业投资合伙企业（有限合伙）设立合资子公司眉山胜华新材料，投资建设 3 万 t／年硅基负极装置及配套工程
中科电气	25 亿元	中科电气与四川甘眉工业园区管理委员会签订项目投资合同，公司拟在四川甘眉工业园区投资建设"年产 10 万吨锂电池负极材料一体化项目"
	25 亿元	年产 10 万 t 锂电池负极材料一体化项目，固定资产投资约 25 亿元，负极材料年产能 10 万 t，建设周期不超过 36 个月（不含每年 3 个月冬歇期）
奇高新能源	18 亿元	奇高新能源年产 5 万 t 负极材料一体化项目落地云南楚雄
杉杉股份	50 亿元	杉杉股份公告称，下属子公司上海杉杉拟在宁波市鄞州区投资建设年产 4 万 t 锂离子电池硅基负极材料一体化基地项目
	20 亿元	签约项目为三期石墨化一体化项目，建成后将新增 5 条生产线，年新增产值约 40 亿元。该项目的建成将实现杉杉科技从原材料加工、生料加工、石墨化、碳化到成品加工一体化的战略布局
	80 亿元	年产 20 万 t 锂电池负极材料一体化基地项目落户眉山市彭山区，该项目固定资产投资 80 亿元，项目分两期建设，一、二期建设周期各 16 个月
新创硅基	10.88 亿元	贵州新创年产 5 万 t 锂电材料项目，建设总工期 1 年，将建设年产 5 万 t 石墨负极材料全产业链生产线，同时建设附属配套设施
南京中比	50 亿元	7 月 4 日，拟在淮北高新区投资建设中比新材料基地项目，计划建设年产 10 万 t 锂电负极和 2 万 t 硅碳负极生产基地
昱瓴新能源	—	昱瓴新能源安徽项目位于安徽怀远，总规划年产 5 万 t 硅基负极材料，一期规划年产 1 万 t，从原料加工、制备合成、中间品加工、复合到成品加工，集全工序于一体
龙江万锂泰	50 亿元	项目拟在内蒙古伊金霍洛旗建设 10 万 t／年天然石墨锂电负极材料一体化生产线和 10 万 t／年人造石墨锂电负极材料一体化生产线。主要生产天然、人造锂电负极材料、增碳剂、碳微粉等
湖南镕锂	83 亿元	项目拟在内蒙古伊金霍洛旗分三期建设完成，其中：一期建设年产 5 万 t 高端锂离子电池石墨类负极材料生产线及配套设施；二期建设年产 7 万 t 高端锂离子电池石墨类负极材料生产线；三期建设年产 8 万 t 高端锂离子电池石墨类负极材料生产线
翔丰华	1.5 亿元	项目拟建设年产 2 万 t 新能源汽车用动力电池负极碳化生产线和年产 4 万 t 人造石墨负极原料粉碎整形线及包覆线生产线
	30 亿元	翔丰华与蓬溪县人民政府签署《追加投资协议》，原翔丰华 6 万 t 高端人造石墨负极材料一体化生产基地建设项目改为一期项目；新增投资项目翔丰华 8 万 t 人造石墨负极材料一体化项目为二期项目

（续）

投资主体	投资金额	项目概述
碳一新能源	50 亿元	总投资 50 亿元，其中固定资产投资 40 亿元。主要在云南水富建设年产 20 万 t 锂离子电池负极材料一体化项目生产线，以及相关配套设施
	60 亿元	初步计划将在青岛莱西建设包含石墨深加工、高端负极及硅材料生产、球形石墨、研究院、博物馆等在内的 10 个石墨新材料相关子项目
	50 亿元	锂电池负极材料及关联项目分两期建设；一期投资 20 亿元，将按照自动化、智能化、数字化标准，建成年产 10 万 t 人工石墨前驱体及人造石墨负极材料
滨化集团	20 亿元	新能源锂电池负极材料前驱体一体化项目位于洛阳孟津区先进制造业开发区，分两期建设，未来可与拟落地洛阳的新能源动力电池项目形成配套，同时提前完成百万吨乙烯项目下游产业链布局
安徽清能	3.8 亿元	安徽清能锂电池负极材料深度一体化项目由安徽清能碳再生科技有限公司出资，总投资 3.8 亿元
大庆高新	17 亿元	大庆高新国际工贸有限公司拟在辽宁抚顺高新区建设年产 16 万 t 锂电池负极材料项目，总投资 17 亿元，占地约 200 亩
尚太科技	120 亿元	拟投资建设年产 30 万 t 锂电负极材料项目，项目将再打造一个集原料加工、包覆造粒、预碳化、高温改性、碳化到成品加工六大基本工序于一体的锂电负极材料全工序生产基地
烯石电车新材料	第一阶段不低于 2 亿元	拟在鸡西（麻山）石墨产业园内设立石墨深加工生产设施进行战略投资合作，计划年产量分别达 3 万 t 高纯度球形石墨及 1 万 t 电池负极材料
山东森蛟	12 亿元	年产 5 万 t 高品级锂电池负极材料项目由山东森蛟企业管理咨询服务有限公司投资建设，分三期建设实施，项目建成达产后，年可实现产值 20 亿元
巴库斯	80 亿元	上海巴库斯超导新材料有限公司在江苏无锡与两家公司签订 10 万 t 改性石墨负极材料项目框架协议，将在舟山建立改性石墨负极材料生产基地
	3.5 亿元	改性石墨负极材料生产项目，项目建成后预计年产石墨负极材料 5000t，项目达产达效后，相继启动项目二期、三期建设，总计占地面积约 300 亩
江苏米格	4.5 亿元	岑巩县人民政府与江苏米格新材料有限公司共同签署岑巩县年产 6 万 t 石墨烯锂离子电池负极材料项目（一期）合作协议
金博股份	23 亿元	计划在"年产 1 万吨锂电池负极材料用碳粉制备一体化示范线项目"基础上追加投资建设"年产 9 万吨锂电池负极材料用碳粉制备项目"，达到年产 10 万 t 锂电池负极材料用碳粉制备能力
俊领新能源	38 亿元	深圳俊领新能源项目规划建设 10 万 t 新能源锂电池负极材料，是仙桃市首家锂电池负极材料生产企业

（续）

投资主体	投资金额	项目概述
华盛锂电	12.6 亿元	拟与控股子公司华赢新能源合资设立子公司——江苏华盛联赢新能源材料有限公司为项目主体，在江阴高新技术产业开发区投资建设"年产 20 万吨低能耗高性能锂电池负极材料项目"
汉行科技	15 亿元	上海汉行科技有限公司拟在新疆维吾尔自治区投资建设钠离子电池煤基负极材料制造及研发中心项目
圣泉集团	24.8 亿元	公司拟采用自主研发的生物质精炼技术，投资 24.8 亿元建设年产 10 万 t 生物基硬碳负极材料项目，打造生物质精炼一体化产业集群，促进区域经济高质量发展。项目建设地点为山东省济南市刁镇化工产业园
天目先导	50 亿元	天目先导拟在彭州投资 50 亿元建设"天目先导新型高端纳米硅负极材料西南基地项目"，该项目规划建设年产 3000t 高端纳米硅材料、10 万 t 高端硅基负极材料和 3 万 t 新型纳米硅材料西南生产基地
易成新能	50 亿元	项目主要由中国平煤神马集团控股子公司易成新能负责建设，建设地点位于河南省平顶山市郏县李口镇，占地约 900 亩，项目主要建设锂电池负极材料全流程一体化生产线，建设完成后可形成年产 10 万 t 负极材料的生产能力
大中矿业 / 国城控股 / 上海锦源晟 / 景成投资	40 亿元	各方计划在赤峰市克什克腾旗投资约 200 亿元，打造锂电全产业链"低碳"产业园区，其中包含 10 万 t 人造石墨负极材料一体化项目

表 B.4　2022 年隔膜投资扩产项目汇总

公司名称	投资规模	项目情况
中科华联	超 20 亿元	拟在厦门火炬高新区规划建设产能 20 亿 m² 湿法锂电池隔膜，预计 10 个月内建成 2 条生产线、1 年内建成 4 条生产线
中科华联	15.2 亿元	高性能湿法锂电池隔膜项目拟选址蚌埠禹会区国家级新型工业化产业示范基地内，主要建设 4 条湿法锂离子电池隔膜生产线，建成后每年可生产高性能湿法隔膜 6 亿 m²
中科华联	32 亿元	拟在四川遂宁布局中科华联湿法锂电池隔膜项目，占地 150 亩，建设 5 条湿法锂电池隔膜生产线
中材科技	33.3 亿元	10 亿 m² 锂电池专用湿法隔膜生产线项目地点位于四川省宜宾市三江新区，建设 8 条单线有效产能 1.25 亿 m²/年 的锂电池湿法基膜生产线，合计基膜产能 10 亿 m²/年；建设 44 条水性涂覆生产线，合计涂覆产能 8 亿 m²/年
中材科技	32.24 亿元	10 亿 m² 锂电池专用湿法隔膜生产线项目地点位于江西省萍乡市芦溪县工业园，建设 8 条单线有效产能 1.25 亿 m²/年 的锂电池湿法基膜生产线，合计基膜产能 10 亿 m²/年；建设 36 条水性涂覆生产线，合计涂覆产能 8 亿 m²/年

（续）

公司名称	投资规模	项目情况
恩捷股份	52 亿元	拟在厦门火炬高新区建设 16 条锂电池隔膜基膜与涂布分切生产线
	45 亿元	云南玉溪恩捷锂电池隔膜项目拟建设完成 16 亿 m² 隔膜生产线项目。项目分两期建设，一期建设 8 亿 m² 隔膜生产项目，二期建设 8 亿 m² 隔膜生产项目
	9.16 亿美元	公司以下属子公司 SEMCORP Manufacturing USA LLC 为主体在美国俄亥俄州西德尼（Sidney）市投资建设锂电池隔离膜工厂，项目拟规划建设产能约 10 亿~12 亿 m² 的基膜生产线及配套涂覆设备
衡川科技	110 亿元	项目计划建成 12 条基膜生产线及配套涂覆产线，项目达产后年产约 30 亿 m² 湿法隔膜
美联新材	25 亿元	年产 230 万 t 新能源及高分子材料产业化建设项目，三期预计投资 25 亿元，建设 15 亿 m² 动力锂电池隔膜生产线
金力股份	60 亿元	项目签约安徽合肥，计划建设 20 条基膜生产线和 80 条涂覆隔膜生产线，配备 16 条全自动涂布制浆生产线和 120 台高速隔膜分切机
	50 亿元	湖北金力高性能新能源电池隔膜项目签约湖北宜昌，其中，一期投资 30 亿元，占地 329 亩，建设 10 条基膜生产线和 40 条涂覆隔膜生产线，投产后基膜年产能达 15 亿 m²
盈博莱	30 亿元	公司拟与浙江温州海洋经济发展示范区管理委员会签订项目投资协议，项目建设年产 20 亿 m² 高性能动力及储能锂电池干法隔膜生产基地

表 B.5　2022 年电解液及原材料投资扩产项目汇总

公司名称	投资规模	项目情况
江苏国泰	15.11 亿元	拟在四川自贡投资建设年产 30 万 t 锂离子电池电解液和回收 2000t 溶剂项目
	15.1 亿元	拟在浙江衢州投资建设年产 30 万 t 锂离子电池电解液项目
天赐材料	3.22 亿元	项目是天赐材料 2020 年非公开发行募投项目年产 15 万 t 锂电材料项目的改扩建项目，本改扩建项目建设完成后，将新增年产 9 万 t 液体六氟磷酸锂装置
	13.32 亿元	拟通过孙公司福鼎凯欣自筹资金投资建设"年产 30 万吨锂电池电解液改扩建和 10 万吨铁锂电池拆解回收项目"
	26.54 亿元	拟将年产 35 万 t 锂电及含氟新材料项目中的一二期建设内容合并，同时剔除原一期项目中的硫酸乙烯酯产品，变更后项目名称为"年产 24.3 万吨锂电及含氟新材料项目"，项目将新增 20 万 t 电解液、2 万 t 双氟磺酰亚胺锂、3000t 六氟丙烯、2 万 t 氟聚合物材料年产能

（续）

公司名称	投资规模	项目情况
天赐材料	12 亿元	拟在江苏溧阳投资建设"年产 20 万吨锂电池电解液改扩建和 10 万 t 铁锂电池回收项目"
	3.22 亿元	项目位于安徽省池州市东至县经济开发区，年产 7.5 万 t 锂电基础材料项目
	12 亿元	项目签约仪式在广东江门新会区举行，年产 20 万 t 电解液及 10 万 t 电池回收项目
胜华新材	16.3 亿元	拟投资建设 2 万 t/年正极补锂剂项目、1 万 t/年新型导电剂项目以及 1 万 t/年氟代溶剂项目
	21.5 亿元	拟在四川眉山投资建设 20 万 t/年电解液及配套项目
	12.24 亿元	拟在湖北武汉投建 20 万 t/年电解液及配套公用工程项目
	25 亿元	项目拟在武汉青山区投资建厂，计划投资 25 亿元，建设年产 22 万 t 碳酸酯溶剂和 20 万 t 电解液项目，预计将于 2023 年年底前建成投产
	—	项目拟规划投资建设 60 万 t/年锂电池电解液装置，由石大胜华与榆高化工合资成立项目公司，项目公司初期注册资本拟定为 10 亿元，双方股权意向比例为石大胜华 51%、榆高化工 49%
	—	双方拟成立项目公司，六氟磷酸锂及其配套装置项目初期注册资本拟定为 12 亿元，双方股权意向比例为中氟泰华 66%、石大胜华 34%
	—	50 万 t/年碳酸二甲酯（DMC）生产装置以及配套的辅助和公用工程由榆林化学所属合资子公司负责项目建设，石大胜华以货币资金参股增资，作为合资子公司引入的新投资方，具体投资金额及比例以未来具体签订的协议为准
胜华新材/榆高化工	65 亿元	60 万 t/年锂电池电解液项目计划分 2 期建设，其中一期规模 20 万 t/年，投资约人民币 21.55 亿元，项目建设周期约 18 个月
胜华新材/中氟泰华	20 亿元	合资公司注册资本为 12 亿元，中氟泰华认缴出资额 7.92 亿元，出资比例 66%；胜华新材认缴出资额 4.08 亿元，出资比例 34%。合资公司拟规划投资建设 10 万 t/年液态六氟磷酸锂及其配套装置
新宙邦	1.95 亿元	拟在广东惠州投资建设年产 15 万 t 碳酸酯溶剂及联产乙二醇，建设周期 1.5 年，预计 2023 年逐步投产
	12 亿元	拟在惠州市大亚湾石化区投资建设电子化学品项目，项目计划总投资不超过 12 亿元，建设周期 2 年，建设内容包括电池及半导体等电子化学品生产、研发和中试基地
永太科技	4 亿元	拟投资建设年产 15 万 t 电解液建设项目
	100 亿元	拟在浙江临海投资建设永太新能源材料产业园项目，将围绕新能源材料构建锂电材料一站式供应基地

（续）

公司名称	投资规模	项目情况
永太科技	9.5 亿元	公司子公司邵武永太高新材料有限公司拟在邵武市金塘工业园区建设该项目，拟形成年产 20 万 t 电解液、2 万 t 电解质盐、70 万 t 硫酸盐的生产能力，预计项目建设期自取得土地后约 2 年
海科新源	105 亿元	拟与湖北三宁化工股份有限公司合作，在湖北宜昌投资 105 亿元，新建新能源电解液溶剂项目，达产后可实现年产电解液溶剂 25 万 t、电解液添加剂 1.27 万 t
法恩莱特	5 亿元	拟在安徽安庆高新区投资建设 10 万 t 锂电池电解液项目
	—	计划在柳州鹿寨县建设年产 10 万 t 电池电解液项目
	—	公司与山东省菏泽市鄄城县政府在湖南长沙举行 15 万 t 电解液项目签约仪式
泰和科技	2.045 亿元	拟投资建设年产 2 万 t 碳酸亚乙烯酯（VC）项目，项目分两期进行，一期二期分别建设年产 1 万 t VC 项目
华鲁恒升	10.31 亿元	拟投资建设高端溶剂项目，投产后可实现年产碳酸二甲酯 60 万 t、碳酸甲乙酯 30 万 t、碳酸二乙酯 5 万 t
江苏索普	21.81 亿元	拟以自有及自筹资金跨界投资建设年产 20 万 t 碳酸二甲酯项目
清水源	3.08 亿元	拟投资建设年产 10 万 t 五氯化磷项目，入局六氟磷酸锂领域
亿恩科天润	8 亿美元（约 53.97 亿元）	在原有 3 万 t 锂离子电池电解液项目基础上，由韩国亿恩科株式会社和天润新能源共同新上年产 10 万 t 锂离子电池电解液项目，项目达效后可实现年产 13 万 t 锂离子电池电解液产能
湖南德雅	2 亿元	拟在湖南湘潭高新区三年内建设年产 1 万 t 特种电池电解液研发及生产基地
川恒股份	3 亿元	拟与国轩集团合资新设子公司，建设六氟磷酸锂等含氟电池材料及配套材料生产线
八亿时空	2.8 亿元	拟在江苏杭州湾上虞经济技术开发区建设年产 3000t 六氟磷酸锂项目
山东亘元	—	拟与宁德时代合资投资建设年产 2.5 万 t 锂电池新材料项目
	100 亿元	山东亘元锂电新材料一体化项目总投资 100 亿元，分三期建设。该项目依托山东济宁鱼台化工园区上游丰富的氯气、甲醇、蒸汽等资源，生产锂电池溶剂、添加剂等产品
蓝石锂电	1.5 亿元	拟在陕西蒲城投资建设锂电池电解液添加剂项目一期工程，建设规模为年产硫酸乙烯酯（DTD）2000t
新洋丰	—	拟在荆门市东宝区范围内投资建设磷矿伴生资源综合利用项目，其中一期规划建设 3 万 t/年无水氟化氢及 2 万 t/年白炭黑项目，二期规划建设 1 万 t/年六氟磷酸锂项目
	—	拟在江西瑞昌市投资建设磷化工及磷矿伴生氟硅资源综合利用项目，其中包含六氟磷酸锂 1 万 t

（续）

公司名称	投资规模	项目情况
江西辅力	51 亿元	拟新建 5 万 t/年六氟磷酸锂生产装置，分三期建设，一期建设 0.1 万 t 六氟磷酸锂和 2 万 t 五氯化磷生产线；二期建设 0.9 万 t 六氟磷酸锂生产线；三期建设 4 万 t 六氟磷酸锂，并扩产 5 万 t 五氯化磷生产线
信阳毛尖	2 亿元	拟与牡丹江旭日新材料科技有限公司合资成立龙拓锂电池新材料有限公司，投资建设电动汽车锂电池电解液原料项目，项目计划实现年产 6600t 硫酸乙烯酯、全氟叔丁醇，以及 1、3- 环己二酮
万润股份	—	拟在山东蓬莱化工产业园开展中节能万润（蓬莱）新材料一期建设项目，其中新能源材料产品包括 PBB-01 产品、PBB-02 产品、PBB-03 产品（新能源电池用电解液添加剂）等
金浦钛业	—	拟在安徽（淮北）新型煤化工合成材料基地投资建设新能源电池材料一体化项目，其中包括建设 0.8 万 t/年六氟磷酸锂
深圳新星	2 亿元	拟在江西赣州投建年产 6000t 氟化锂项目
天际股份	30 亿元	公司拟在瑞昌码头工业城投资建设天际新能源新材料项目，新建年产六氟磷酸锂 3 万 t、高纯氟化锂 6000t 及副产品配套项目
陕煤集团	46.22 亿元	榆林化学 50 万 t/年碳酸二甲酯（DMC）项目位于陕西榆林榆神工业区清水工业园，拟建设 50 万 t/年碳酸二甲酯（DMC）生产装置以及配套的辅助和公用工程，其中一期建设 10 万 t/年高纯 DMC 生产装置，二期建设 40 万 t/年高纯 DMC 生产装置
江苏卓邦	50 亿元	新能源新型锂电电解质生产项目将分两期建设，一期建设年产 2 万 t 新能源电池双氟电解质；二期项目计划继续延伸产业链条，建设年产 10 万 t 电解液、3 万 t 六氟磷酸锂、5000t 新能源电池功能添加剂
北元集团	18.78 亿元	公司拟在神木高新技术产业开发区建设 2 万 t/年碳酸乙烯酯、8 万 t/年碳酸二甲酯、10.18 万 t/年碳酸甲乙酯、1.39 万 t/年碳酸二乙酯生产装置及配套公用工程和辅助设施
三钢集团	30 亿元	氟化工第二主业项目，一期计划总投资 10 亿元，建设 5200t/年聚偏氟乙烯（PVDF）项目、5000t/年六氟磷酸锂及 2 万 t/年无机氟盐项目、年产 1800t 含氟新型农药及 9000t 农药制剂项目
传艺科技	—	公司拟合资成立江苏传艺钠电新材料有限公司，公司位于高邮城南经济新区，拟规划建设一期 5 万 t/年、二期 10 万 t/年钠离子电池电解液项目
健立化学	51.8 亿元	项目将新建六氟磷酸锂车间、双氟磺酰亚胺锂车间、碳酸亚乙烯酯车间、锂电池电解液车间等，建成后实现年产 2 万 t LiPF$_6$、5000t LiFSI、2000t VC、5 万 t 锂电池电解液，联产 84881t/年含氟盐酸、15617t/年 31%~36% 盐酸、7204t/年亚硫酸钠
维远股份	21.6 亿元	项目将利用自有在建环氧丙烷装置生产的环氧丙烷以及富含二氧化碳的装置排放尾气为原料，建设 25 万 t/年电解液溶剂装置及配套公用工程及辅助设施等

（续）

公司名称	投资规模	项目情况
福华通达	—	四川乐山五通桥区人民政府与福华通达农药科技有限公司签订《福华先进材料产业园项目投资协议》，其中包含 60 万 t 锂电电解液

表 B.6　2022 年铜箔铝箔投资扩产项目汇总

公司名称	投资规模	项目情况
宝明科技	60 亿元	锂电池复合铜箔生产基地，项目一期拟投资 11.5 亿元，使用赣州宝明科技园二期厂房；项目二期拟投资 48.5 亿元，二期项目在一期项目如期达产达标后视情况购地建设
德福科技	150 亿元	此次签约的 20 万 t/ 年高档电解铜箔项目属于甘肃德福新材料公司的增资扩产项目，总投资 150 亿元
铜冠铜箔	13.48 亿元	1.5 万 t/ 年高精度储能用超薄电子铜箔项目位于安徽省池州市经开区安徽铜冠铜箔集团股份有限公司厂区，建设周期 18 个月，包括工程建设、设备购置及安装调试、生产准备等各项工作
	9.32 亿元	1 万 t/ 年高精度储能用超薄电子铜箔项目位于安徽省铜陵市经济技术开发区铜陵铜箔厂区，建设周期 18 个月，包括工程建设、设备购置及安装调试、生产准备等各项工作
	17 亿元	铜冠铜箔全资子公司铜陵有色铜冠铜箔有限公司拟在铜陵市投资建设年产 2 万 t 电子铜箔项目，分两期建设，每期各形成 1 万 t/ 年电子铜箔产能，一期项目计划 2022 年开工；二期项目具体建设计划与时间待定，最晚应不迟于 2023 年 12 月开工，具体以项目实施计划为准
紫金矿业	33 亿元	项目落户上杭金铜循环产业园，生产总规模 3.5 万 t/ 年，总投资 33 亿元。项目分两期实施，其中一期项目生产规模 2 万 t/ 年，投资 20.29 亿元，主要产品为动力电池电解铜箔（4.5~8 μm）和高标准电解铜箔（12~70 μm），将于 2022 年年底建成投产；二期项目生产规模 1.5 万 t/ 年，投资 12.8 亿元，规划 2023 年底开始建设
华创新材	90 亿元	华创新材年产 10 万 t 超薄锂电铜箔项目拟在四川遂宁建设，分两期建设
	90 亿元	华创新材年产 10 万 t 超薄锂电铜箔项目拟在内蒙古鄂尔多斯建设
	超 100 亿元	华创新材年产 10 万 t 超薄锂电铜箔项目签约活动在江西上饶广信区举行
	约 100 亿元	华创新材年产 10 万 t 超薄锂电铜箔项目签约活动在江西南昌举行
胜利精密	56 亿元	新能源汽车功能膜项目分二期投资，项目一期投资额约 8.5 亿元，拟投资建设 15 条高性能复合铜箔生产线、2 条 3A 光学膜生产线，项目二期投资额约 47.5 亿元，拟投资建设 100 条高性能复合铜箔先进技术生产线

（续）

公司名称	投资规模	项目情况
盈华铜箔	70 亿元	广东平远县人民政府与梅州市盈华铜箔科技有限公司签约年产10 万 t 高端铜箔建设项目，该项目计划投资总额 70 亿元
铭丰电子	52 亿元	项目位于四川宜宾，计划总投资 52 亿元，将分四期建设，主要建设年产 10 万 t 铜箔生产线等，将生产锂电铜箔、电子电路铜箔等产品
杭电股份	50 亿元	公司拟以近期新设立的全资子公司杭电铜箔为投资主体，在江西省南昌市小蓝经济技术开发区投资约 50 亿元建设新能源汽车锂电池超薄铜箔项目，项目分两期建设，其中一期产能规划2 万 t/ 年，二期产能规划 3 万 t/ 年
嘉元时代	81 亿元	项目为嘉元科技与宁德时代合资公司广东嘉元时代新能源材料有限公司建设项目，年产 10 万 t 高性能铜箔项目共分两期建设，计划 2023 年 6 月开始逐步投产，力争 2025 年全面达产
嘉元科技	10 亿元	公司拟以全资子公司江西嘉元作为项目实施主体，投资建设江西嘉元新增年产 1.5 万 t 电解铜箔项目，主要生产高端电解铜箔
诺德股份	120 亿元	诺德锂电铜箔及铜基材生产基地规划建设年产能 10 万 t，位于湖北黄石，包括高端极薄锂电铜箔以及年产 20 万 t 铜极材料生产线；项目规划总投资 120 亿元，计划分两期建设实施，其中首期项目投资60 亿元
	100.56 亿元	公司与江西省贵溪市人民政府拟签署《超薄锂电铜箔建设项目投资协议》，投资建设年产能 10 万 t 超薄锂电铜箔生产基地，其中，一期拟建设 5 万 t 超薄锂电铜箔生产线，一期计划预计于 2023 年投产2 万 t，2024 年投产 3 万 t，合计产能达到 5 万 t
豫光金铅	5.82 亿元	公司拟投资 5.82 亿元，在河南玉川产业集聚区新建年产 1 万 t 铜箔生产线
正威集团	200 亿元	正威国际集团投资 200 亿元建设的锂电铜箔项目落户福州，主要建设年产 5 万 ~20 万 t 锂电铜箔生产线
英联股份	30 亿元	拟于江苏省高邮经济开发区投资建设新能源汽车动力锂电池复合铜箔、铝箔项目，将建设 100 条新能源汽车动力锂电池复合铜箔生产线和 10 条铝箔生产线
东阳光	27.1 亿元	公司计划在湖北省宜都市投资建设年产 10 万 t 低碳高端电池铝箔项目，项目建设期为 36 个月，项目分两期建设，一、二期项目均为建设年产 5 万 t 低碳高端电池铝箔项目，其中一期项目预计 2023 年投产，二期项目预计 2025 年投产
天山铝业	29 亿元	一期年产 20 万 t 电池铝箔项目及年产 2 万 t 电池铝箔技改项目由三个子项目组成：项目一拟在新疆石河子开发区投资建设年产 30 万 t电池铝箔坯料生产线；项目二拟在无锡江阴徐霞客镇璜塘工业园区建设一期年产 20 万 t 电池铝箔精轧涂炭及分切生产线；项目三拟在徐霞客镇璜塘工业园区建设年产 2 万 t 电池铝箔技改项目

（续）

公司名称	投资规模	项目情况
万顺新材	5.2亿元	年产5万t新能源涂碳箔项目总投资估算为5.2亿元，其中固定资产投资为3.2亿元，项目铺底流动资金为2亿元。项目分二期建设，一期2.5万t，建设周期18个月；二期2.5万t新能源涂碳箔，建设周期18个月
凯矜新材料	101.9亿元	凯矜锂电池铝塑膜及铝箔生产基地项目由上海凯矜新材料科技有限公司联合RKC株式会社、BJAY技术株式会社（给项目提供技术支持，进行工艺设计、生产管控、品质管控、市场开发与推广）以外资形式投资兴建，主要建设公司总部、锂离子电池铝塑膜、铝箔生产基地以及研发中心
深圳新星	5.5亿元	拟投资在河南省偃师市洛阳新星现有厂区内利用现有厂房建设年产10万t的锂电池用铝合金箔材坯料生产项目，项目产品为电池铝箔坯料，主要用于生产电池铝箔
众源新材	7亿元	公司全资子公司芜湖众源铝箔有限公司与芜湖经济技术开发区管理委员会签订《投资合同》，子公司拟投资7亿元建设电池箔生产制造项目，达产后形成年产5万t电池箔产能规模
至信搏远	60亿元	至信搏远拟与铜陵市政府方投资代表在铜陵共同成立具有独立法人资格的公司，建设铝塑膜生产基地。项目计划分两期建设，一期计划投资30亿元，建设8条完整铝塑膜生产线；二期计划投资30亿元，建设8条完整铝塑膜生产线

表B.7　2022年电池新能源其他细分领域投资扩产项目汇总

公司名称	投资规模	项目情况
电池回收		
巡鹰新能源	10亿元	巡鹰锂电池梯次利用项目签约仪式在江苏省常熟市虞山高新区举行，目标是打造长三角锂电池梯次利用新高地，进入锂电池梯次利用白名单
五创循环	10亿元	二期项目计划投资10亿元，形成年处理退役三元锂电池和磷酸铁锂电池各5万t的生产能力
金诺德	2.5亿元	青岛金诺德科技有限公司废旧锂电池综合利用项目签约暨揭牌仪式在青岛莱西经济开发区举行，项目分两期建设
京科控股/深圳衡丰	103亿元	年处置40万t动力锂电池项目由京科控股与深圳衡丰合作建设，计划总投资103亿元，其中一期投资20亿元
福龙马	5.5亿元	项目拟建设年产5万t废旧锂离子电池及极片废料回收资源化利用生产线及配套设施，预计建设周期24个月
杰成新能源	11.5亿元	动力电池循环产业中心（江苏）项目计划建设年处理30万t新能源汽车退役动力蓄电池循环利用项目

（续）

公司名称	投资规模	项目情况
电池回收		
中城院（北京）	25 亿元	中城院（北京）环境科技有限公司投资建设，其中一期投资建设废旧锂电池资源化综合利用项目，投资 10 亿元，建设电池拆解车间、电池破碎车间、湿法冶金车间，主要用于生产硫酸锰、硫酸锂等产品；二期建设报废汽车拆解再生利用项目
海螺创业	—	海螺创业将在芜湖市弋江区注册成立安徽海创循环科技有限公司，投资建设年资源化循环利用废旧锂电池 1.5 万 t 项目，并作为海螺创业废旧锂电池资源化循环利用运营及发展的平台公司，通过全国布局，规划实现公司废旧电池资源化循环利用总规模 100 万 t/ 年
	—	公司与安徽省淮北市杜集区人民政府、安徽淮海实业发展集团有限公司签署《淮北市废旧锂电池资源化绿色循环利用项目合作协议》，项目以锂电池回收和处理为主业
天能集团	30 亿元	天能控股集团和滨海县人民政府签署了《年处理 10 万吨废旧锂离子电池高值资源化回收利用项目投资协议》，项目分两期建设，其中一期项目计划投资 19 亿元，年处理能力 6 万 t；二期项目计划投资 11 亿元，年处理能力 4 万 t
河南新天力	—	河南新天力碳酸锂电池项目位于河南省平顶山市，将建设国内领先型锂电池材料循环与综合利用生产线，实现年处理能力 8 万 t，年产电池级碳酸锂、磷酸铁各 1 万 t
湖南力合厚浦	50 亿元	湖南力合厚浦锂电池正极材料回收与绿色制造项目签约落户湖南湘江新区湘阴片区。主要包括锂电池拆解、正极材料循环回收到前驱体绿色制造一体化生产基地，镍钴和磷铁原料加工基地，电池级碳酸锂及氢氧化锂产品深加工基地等
电池结构件		
科达利	10 亿元	公司现拟使用自筹资金不超过 10 亿元通过控股子公司江苏科达利实施江苏新能源汽车锂电池精密结构件三期项目
	10 亿元	科达利江门新能源汽车动力电池精密结构件项目位于广东省江门市新会区，建设周期 24 个月
	10 亿元	拟在枣庄市高新区投资设立全资子公司投资建设科达利山东枣庄新能源汽车动力电池精密结构件项目一期，项目建设期 24 个月
科达利	10 亿元	公司拟在江西省南昌经济技术开发区投资设立全资子公司，并自筹资金不超过 10 亿元投资建设科达利江西南昌新能源汽车动力电池精密结构件一期项目
	12 亿元	项目此次签约落户同翔高新城，将建设锂电池精密结构件生产基地。产品主要包括锂电池盖板、锂电池外壳和汽车零部件等，主要应用不限于新能源汽车动力电池系统、储能电池系统等市场
	5 亿元	拟自筹资金不超 5 亿元通过全资子公司四川科达利实施四川宜宾新能源汽车动力电池精密结构件三期项目

（续）

公司名称	投资规模	项目情况
电池结构件		
震裕科技	10 亿元	拟在肇庆新区生态科技园区投资建设新能源高端动力电池结构件生产基地，主要产品包括新能源汽车动力锂电池顶盖和外壳等结构件
先惠技术	17 亿元	新能源汽车电池精密结构件项目拟在罗源县投资建设新能源电池模组端侧板项目、柔保护板 CCS 项目激光焊接总成项目、汽车模组压铆绝缘喷涂项目，项目建成后产值约 35 亿元／年。项目分两期建设，其中一期项目用地 50 亩，二期项目预计于本协议生效后 1 年内启动建设
甬金股份	14 亿元	年产 22.5 万 t 柱状电池专用外壳材料项目分两期建设，其中一期工程建设期 12 个月，建成年加工 7.5 万 t 柱状电池外壳专用材料生产线，二期工程建设期 18 个月，建成年加工 15 万 t 柱状电池外壳专用材料生产线
英联股份	30 亿元	拟于江苏省高邮经济开发区投资建设新能源汽车动力锂电池复合铜箔、铝箔项目
铭利达	10 亿元	全资孙公司肇庆铭利达拟在广东肇庆高新区动力大街以北建设"新能源关键零部件智能制造一期项目"，项目建设内容包括主要生产新能源汽车用电池管理系统、电机控制器、电动汽车电控集成；生产光伏逆变器、储能等及其精密结构件产品。建设智能汽车、新能源汽车及关键零部件研发中心
	4 亿元	在重庆市铜梁区建设"精密结构件及装备研发生产项目"之二期项目，本期项目计划净用地 142 亩，拟投资 4 亿元
祥鑫科技	—	公司拟设立全资子公司祥鑫科技（厦门）有限公司，并通过该子公司使用不超过 2 亿元投资建设"祥鑫科技（厦门）储能金属结构件研发中心及制造基地项目"
金杨科技	20 亿元	金杨科技电池结构件及材料产业园项目由福建金杨科技股份有限公司投资建设，项目位于经济开发区山阳大道北
东方电热	20 亿元	全资子公司东方九天计划总投资不低于 20 亿元，在江苏泰兴建设高端锂电池外壳用预镀镍钢带项目，建设工期 2 年
斯莱克	10 亿元	公司及控股子公司常州和盛拟与四川省宜宾市翠屏区工业园区管理委员会签订《苏州斯莱克精密结构件项目投资协议》，项目总投资约 10 亿元，建设项目为相关电池壳体等产品生产线
领益智造	30 亿元	由公司在成都崇州市经济开发区投资建设新能源电池铝壳、盖板、转接片等结构件研发、生产基地项目。项目分两期建设，项目一期为转接片和铝壳项目；项目二期于协议签订后 3 年内启动
宁德东恒	30 亿元	新能源电池精密结构件项目正式落户福州台商投资区松山片区
宁波方正	15 亿元	公司拟在安徽巢湖经济开发区管委会建设锂电池精密结构件及智能装备项目
高澜股份	7 亿元	控股子公司东莞市硅翔绝缘材料有限公司拟在广东东莞以自筹资金 7 亿元投资建设动力电池热管理及汽车电子制造总部项目

（续）

公司名称	投资规模	项目情况
锂电设备		
大族激光	10亿元	大族激光新能源智能装备华中总部项目一期投资3亿元，将租赁约1.5万m²厂房建设全自动化智能数控装备生产线。项目二期投资7亿元，征地约100亩，与项目一期同步启动，进行高端装备制造产品研发、设计、生产和销售
海目星	7亿元	公司决定以全资子公司江门海目星为项目实施主体，投资7亿元建设海目星激光（江门）产业园二期项目，用于动力电池电芯装配线、干燥线等专业动力电池设备研发、生产及销售，预计建设周期24个月
科达制造	16.25亿元	公司拟以全资子公司佛山市科达装备制造有限公司为实施主体，用于建设建材及锂电装备智能制造基地项目，开展锂材料辊道窑业务
正业科技	7.6亿元	公司拟通过在景德镇投资成立的全资子公司江西正业科技有限公司与景德镇高新技术产业开发区管理委员会签署项目投资建设合同，在景德镇投资兴建景德镇高端智能装备产业园
其他领域		
壹石通	65亿元	公司拟在安徽省蚌埠市怀远县投资建设"壹石通碳中和产业园项目"，该项目按年度、分批次投入，项目一期预计投入约10亿元
	5亿元	年产2万t锂电用陶瓷粉体材料项目及西南市场运营中心项目，总投资约5亿元，其中固定资产投资约为4亿元，铺底流动资金约为1亿元
高盟新材	1.01亿元	年产4.6万t电子新能源黏结剂项目位于南通如东沿海经济开发区化工园区，在南通高盟现有厂区内建设，不新增用地，项目预计建设期为1年
永和股份	6.86亿元	公司全资子公司内蒙古永和氟化工有限公司拟投资6.86亿元在内蒙古自治区乌兰察布市四子王旗乌兰花镇黑沙图工业园区建设0.8万t/年偏氟乙烯、1万t/年全氟己酮、6万t/年废盐综合利用项目
联创股份/黑猫股份/西南电力/天津电力	—	联创股份、黑猫股份、西南电力、天津电力拟在乌海市高新技术产业开发区低碳产业园投资建设5万t/年PVDF产业链及0.6GW配套绿电项目
华鲁恒升	50亿元	计划在荆州江陵新能源新材料产业基地投资建设绿色新能源材料项目，总投资约50亿元，建设内容包括10万t/年NMP装置、20万t/年BDO装置、3万t/年PBTA等及配套设施、10万t醋酐及配套设施
黑猫股份	6.8亿元	黑猫股份将以黑猫高材为主体，投资新建"年产5000吨碳纳米管粉体及配套产业一体化项目"，项目分三期建设，其中一期建设500t/年碳纳米管粉体产能；二期建设2500t/年碳纳米管粉体产能；三期建设2000t/年碳纳米管粉体产能
丽岛新材	10亿元	公司拟与安徽五河经济开发区管委会签订《投资合同》，在五河县建设新能源电池集流体材料项目

（续）

公司名称	投资规模	项目情况
其他领域		
天奈科技	30亿元	拟在四川省成都市下辖的彭州市依法设立子公司并投资建设天奈科技西部基地项目，项目分两期建设碳纳米管及相关复合产品生产项目。项目固定资产总投资约30亿元，其中一期及研发中心固定资产投资约为10亿元，二期固定资产投资约为20亿元
	12亿元	公司拟在江苏镇江经济技术开发区依法设立分公司投资建设天奈科技年产450t单壁碳纳米管项目
天奈科技	20亿元	拟在四川省眉山市彭山区依法设立子公司投资建设天奈科技年产12万t导电浆料及1.55万t碳管纯化生产基地项目
	1300万欧元（折合人民币约0.92亿元）	拟在德国汉诺威投资设立Cnano Technology EuropeGmbH（天奈科技欧洲有限公司），并在当地建设"年产3000吨碳纳米管导电浆料生产线项目"
联创股份	16亿元	公司控股子公司内蒙古联和氟碳新材料有限公司拟在内蒙古乌海高新技术产业开发区低碳产业园投资建设5万t/年PVDF及配套产业链项目一期项目

注：资料来源于我的电池网、华泰研究。

附录C　2022年中国新能源汽车及动力电池产业相关政策

一、中央

序号	政策名称	发布单位	发布日期
1	关于印发《绿色交通"十四五"发展规划》的通知	交通运输部	2021.10.29
2	关于深化汽车维修数据综合应用有关工作的通知	交通运输部等	2021.12.10
3	关于2022年新能源汽车推广应用财政补贴政策的通知	财政部等	2021.12.31
4	关于进一步提升电动汽车充电基础设施服务保障能力的实施意见	国家发展和改革委员会等	2022.1.10
5	关于做好近期促进消费工作的通知	国家发展和改革委员会	2022.1.14
6	关于印发"十四五"现代综合交通运输体系发展规划的通知	国务院	2022.1.18

（续）

序号	政策名称	发布单位	发布日期
7	关于印发《促进绿色消费实施方案》的通知	国家发展和改革委员会等	2022.1.18
8	关于印发"十四五"节能减排综合工作方案的通知	国务院	2022.1.24
9	关于印发《"十四五"新型储能发展实施方案》的通知	国家发展和改革委员会等	2022.1.29
10	关于完善能源绿色低碳转型体制机制和政策措施的意见	国家发展和改革委员会等	2022.2.10
11	关于印发车联网网络安全和数据安全标准体系建设指南的通知	工业和信息化部	2022.2.25
12	关于印发《交通强国建设评价指标体系》的通知	交通运输部	2022.3.17
13	2022 年汽车标准化工作要点	工业和信息化部	2022.3.18
14	氢能产业发展中长期规划（2021—2035 年）	国家发展和改革委员会等	2022.3.23
15	机动车驾驶证申领和使用规定	公安部	2022.3.25
16	道路交通安全违法行为记分管理办法	公安部	2022.3.25
17	关于进一步加强新能源汽车企业安全体系建设的指导意见	工业和信息化部等	2022.3.29
18	关于加快建设全国统一大市场的意见	国务院	2022.4.10
19	关于开展汽车软件在线升级备案的通知	工业和信息化部	2022.4.15
20	关于进一步加大出口退税支持力度　促进外贸平稳发展的通知	税务总局等	2022.4.20
21	关于进一步释放消费潜力促进消费持续恢复的意见	国务院办公厅	2022.4.25
22	关于开展 2022 新能源汽车下乡活动的通知	工业和信息化部等	2022.5.16
23	进一步部署稳经济一揽子措施	国务院	2022.5.23
24	关于进一步盘活存量资产扩大有效投资的意见	国务院	2022.5.25
25	关于印发《财政支持做好碳达峰碳中和工作的意见》的通知	财政部	2022.5.25
26	关于推动外贸保稳提质的意见	国务院	2022.5.26
27	关于印发扎实稳住经济一揽子政策措施的通知	国务院	2022.5.31
28	关于减征部分乘用车车辆购置税的公告	财政部	2022.5.31

（续）

序号	政策名称	发布单位	发布日期
29	关于实施道路机动车辆生产企业和产品准入管理便企服务措施的通告	工业和信息化部	2022.6.1
30	确定加大汽车消费支持政策	国务院	2022.6.22
31	关于印发《国家公路网规划》的通知	国家发展和改革委员会等	2022.7.4
32	关于搞活汽车流通扩大汽车消费若干措施的通知	商务部等	2022.7.5
33	公开征求对《关于修改〈乘用车企业平均燃料消耗量与新能源汽车积分并行管理办法〉的决定（征求意见稿）》的意见	工业和信息化部	2022.7.7
34	关于印发工业领域碳达峰实施方案的通知	工业和信息化部等	2022.7.7
35	关于印发《加快推进公路沿线充电基础设施建设行动方案》的通知	交通运输部等	2022.8.1
36	决定延续实施新能源汽车免征车购税等政策　促进大宗消费等	国务院	2022.8.19
37	关于完善二手车市场主体备案和车辆交易登记管理的通知	商务部等	2022.9.6
38	关于印发《关于深化机动车检验制度改革优化车检服务工作的意见》的通知	公安部等	2022.9.9
39	关于延续新能源汽车免征车辆购置税政策的公告	财政部等	2022.9.26
40	关于加快建设国家综合立体交通网主骨架的意见	交通运输部等	2022.10.24
41	关于印发第十次全国深化"放管服"改革电视电话会议重点任务分工方案的通知	国务院	2022.10.26
42	关于印发建立健全碳达峰碳中和标准计量体系实施方案的通知	市场监管总局等	2022.10.31
43	公开征求对《关于开展智能网联汽车准入和上路通行试点工作的通知（征求意见稿）》的意见	工业和信息化部	2022.11.2
44	关于巩固回升向好趋势加力振作工业经济的通知	工业和信息化部等	2022.11.21
45	关于进一步扩大开展二手车出口业务地区范围的通知	商务部等	2022.12.6
46	关于印发"十四五"现代物流发展规划的通知	国务院	2022.12.15

二、地方

（一）东北地区

1. 辽宁省

序号	政策名称	发布单位	发布日期
1	辽宁省"十四五"综合交通运输发展规划	辽宁省人民政府	2022.1.7
2	关于印发《辽宁省支持道路货运企业和货车司机纾困发展的若干措施》的通知	辽宁省交通运输厅	2022.5.25
3	关于印发辽宁省"十四五"能源发展规划的通知	辽宁省人民政府	2022.7.5
4	辽宁省氢能产业发展规划（2021—2025年）	辽宁省发展和改革委员会	2022.8.10

2. 黑龙江省

序号	政策名称	发布单位	发布日期
1	黑龙江省碳达峰实施方案	黑龙江省人民政府	2022.9.5
2	关于印发《黑龙江省关于搞活汽车流通　扩大汽车消费升级的若干措施》的通知	黑龙江省商务厅等	2022.10.14
3	关于印发《黑龙江省城乡建设领域碳达峰实施方案》的通知	黑龙江省住房和城乡建设厅等	2022.10.14
4	关于印发《黑龙江省工业领域碳达峰实施方案》的通知	黑龙江省工业和信息化厅等	2022.12.1

3. 吉林省

序号	政策名称	发布单位	发布日期
1	关于印发稳定全省经济若干措施的通知	吉林省人民政府	2022.5.27
2	关于印发吉林省碳达峰实施方案的通知	吉林省人民政府	2022.8.1
3	关于印发吉林省能源发展"十四五"规划的通知	吉林省人民政府	2022.8.24
4	关于印发"氢动吉林"中长期发展规划（2021—2035年）的通知	吉林省人民政府	2022.10.19
5	关于印发《吉林省电动汽车充换电基础设施发展规划（2021—2025年）》和《吉林省电动汽车充换电基础设施建设运营管理暂行办法（修订版）》的通知	吉林省能源局	2022.11.11

（二）华北地区

1. 北京市

序号	政策名称	发布单位	发布日期
1	关于印发《北京市"十四五"时期能源发展规划》的通知	北京市人民政府	2022.2.22
2	关于印发《北京市"十四五"时期交通发展建设规划》的通知	北京市人民政府	2022.4.10
3	关于印发助企纾困促进消费加快恢复具体措施的通知	北京市发展和改革委员会等	2022.6.25
4	关于加快二手车流通　促进汽车消费升级的若干措施	北京市商务局等	2022.7.18
5	关于印发《北京市"十四五"时期电力发展规划》的通知	北京市城市管理委员会	2022.7.22
6	关于印发《"十四五"时期北京市新能源汽车充换电设施发展规划》的通知	北京市城市管理委员会	2022.8.5
7	关于印发《北京市碳达峰实施方案》的通知	北京市人民政府	2022.10.11
8	《北京市氢燃料电池汽车车用加氢站发展规划（2021—2025 年）》	北京市城市管理委员会	2022.11.22

2. 天津市

序号	政策名称	发布单位	发布日期
1	天津市推动城市停车设施发展实施方案	天津市发展和改革委员会等	2022.3.16
2	关于印发天津市加快建立健全绿色低碳循环发展经济体系实施方案的通知	天津市人民政府	2022.3.29
3	关于印发天津市"十四五"节能减排工作实施方案的通知	天津市人民政府	2022.5.10
4	关于印发《天津市促进工业经济平稳增长行动方案》的通知	天津市发展和改革委员会	2022.5.27
5	关于印发天津市贯彻落实《扎实稳住经济的一揽子政策措施》实施方案的通知	天津市人民政府	2022.5.31
6	关于印发天津市碳达峰实施方案的通知	天津市人民政府	2022.9.14
7	关于天津市搞活汽车流通扩大汽车消费若干措施的通知	天津市商务局等	2022.11.14
8	天津市电动汽车充电桩强制检定实施方案	天津市市场监管委	2022.12.5

3. 河北省

序号	政策名称	发布单位	发布日期
1	关于进一步推进停车设施建设的实施方案	河北省人民政府	2022.1.29
2	关于印发河北省"十四五"节能减排综合实施方案的通知	河北省人民政府	2022.3.26
3	关于印发扎实稳定全省经济运行的一揽子措施及配套政策的通知	河北省人民政府	2022.6.1

4. 内蒙古自治区

序号	政策名称	发布单位	发布日期
1	关于印发《内蒙古自治区"十四五"氢能发展规划》的通知	内蒙古自治区能源局	2022.2.25
2	关于印发自治区"十四五"节能减排综合工作实施方案的通知	内蒙古自治区人民政府	2022.5.25
3	关于印发《贯彻落实自治区人民政府扎实稳住经济一揽子政策措施的实施方案》的通知	内蒙古自治区人力资源和社会保障厅	2022.6.10
4	关于印发《内蒙古自治区交通运输厅 财政厅"十四五"推广应用新能源巡游出租汽车奖补实施细则》的通知	内蒙古自治区交通运输厅等	2022.8.25

（三）华中地区

1. 河南省

序号	政策名称	发布单位	发布日期
1	关于进一步加快新能源汽车产业发展的指导意见	河南省人民政府	2022.5.19
2	关于印发河南省贯彻落实稳住经济一揽子政策措施实施方案的通知	河南省人民政府	2022.6.8
3	关于印发河南省"十四五"节能减排综合工作方案的通知	河南省人民政府	2022.8.8
4	关于印发河南省氢能产业发展中长期规划（2022—2035年）的通知	河南省人民政府	2022.9.6

2. 湖北省

序号	政策名称	发布单位	发布日期
1	关于印发湖北省能源发展"十四五"规划的通知	湖北省人民政府	2022.5.19
2	关于印发加快消费恢复提振若干措施的通知	湖北省人民政府	2022.5.24

（续）

序号	政策名称	发布单位	发布日期
3	关于印发湖北省应对气候变化"十四五"规划的通知	湖北省生态环境厅	2022.10.14
4	关于印发支持氢能产业发展若干措施的通知	湖北省发展和改革委员会	2022.11.4

3. 湖南省

序号	政策名称	发布单位	发布日期
1	关于印发《关于进一步促进消费持续恢复的若干措施》的通知	湖南省发展和改革委员会等	2022.6.9
2	关于印发《湖南省"十四五"节能减排综合工作实施方案》的通知	湖南省人民政府	2022.8.24
3	湖南省汽车产业发展规划	湖南省工业和信息化厅	2022.10.12

（四）华南地区

1. 广东省

序号	政策名称	发布单位	发布日期
1	关于印发广东省能源发展"十四五"规划的通知	广东省人民政府	2022.4.13
2	关于印发广东省进一步促进消费若干措施的通知	广东省人民政府	2022.4.28
3	关于印发广东省贯彻落实国务院扎实稳住经济一揽子政策措施实施方案的通知	广东省人民政府	2022.5.31
4	关于全面推广使用国 VIB 车用汽油的通知	广东省人民政府	2022.7.28
5	关于印发《广东省加快建设燃料电池汽车示范城市群行动计划（2022—2025 年）》的通知	广东省发展和改革委员会等	2022.8.11
6	关于印发广东省加大力度持续促进消费若干措施的通知	广东省人民政府	2022.8.31
7	关于印发广东省进一步促进工业经济平稳增长若干措施的通知	广东省人民政府	2022.9.5
8	广东省汽车零部件产业"强链工程"实施方案	广东省工业和信息化厅	2022.9.5
9	关于印发广东省"十四五"节能减排实施方案的通知	广东省人民政府	2022.9.16
10	关于印发广东省贯彻落实《国家发展改革委等部门关于进一步提升电动汽车充电基础设施服务保障能力的实施意见》重点任务分工方案的通知	广东省发展和改革委员会等	2022.9.15
11	关于印发《广东省循环经济发展实施方案（2022—2025 年）》的通知	广东省发展和改革委员会	2022.10.21

2. 广西壮族自治区

序号	政策名称	发布单位	发布日期
1	关于印发广西新能源汽车产业发展"十四五"规划的通知	广西壮族自治区人民政府	2022.1.14
2	关于印发广西壮族自治区新能源汽车推广应用三年行动财政补贴实施细则的通知	广西壮族自治区发展和改革委员会	2022.1.26
3	关于印发《广西可再生能源发展"十四五"规划》的通知	广西壮族自治区人民政府	2022.7.17
4	关于印发广西能源发展"十四五"规划的通知	广西壮族自治区人民政府	2022.8.19
5	关于印发广西"十四五"节能减排综合实施方案的通知	广西壮族自治区人民政府	2022.9.14

3. 海南省

序号	政策名称	发布单位	发布日期
1	关于印发《海南省2022年鼓励使用新能源汽车若干措施》的通知	海南省工业和信息化厅	2022.3.30
2	关于促进工业经济平稳增长的行动方案的通知	海南省发展和改革委员会等	2022.4.21
3	海南省清洁能源汽车推广2022年行动计划	海南省人民政府	2022.5.19
4	海南省超常规稳住经济大盘行动方案	海南省人民政府	2022.6.14
5	关于开展2022年鼓励淘汰老旧汽车综合奖励申报工作的通知	海南省商务厅等	2022.8.2
6	关于开展新能源汽车换电模式重点应用领域示范应用项目申报的通知	海南省工业和信息化厅等	2022.8.12
7	关于印发海南省碳达峰实施方案的通知	海南省人民政府	2022.8.22

（五）华东地区

1. 上海市

序号	政策名称	发布单位	发布日期
1	2022年上海市扩大有效投资稳定经济发展的若干政策措施	上海市发展和改革委员会	2022.1.11
2	关于印发《上海市能源发展"十四五"规划》的通知	上海市人民政府	2022.4.16
3	关于印发《上海市加快经济恢复和重振行动方案》的通知	上海市人民政府	2022.5.21

（续）

序号	政策名称	发布单位	发布日期
4	关于印发《上海市促进汽车消费补贴实施细则》的通知	上海市发展和改革委员会等	2022.6.15
5	关于印发《上海市氢能产业发展中长期规划（2022—2035年）》的通知	上海市发展和改革委员会等	2022.6.17
6	关于印发《上海市碳达峰实施方案》的通知	上海市人民政府	2022.7.8
7	关于印发《上海市能源电力领域碳达峰实施方案》的通知	上海市发展和改革委员会	2022.8.1
8	关于印发《上海市加快智能网联汽车创新发展实施方案》的通知	上海市人民政府	2022.9.5
9	关于印发《上海市助行业强主体稳增长的若干政策措施》的通知	上海市人民政府	2022.9.26
10	关于印发《上海市鼓励电动汽车充换电设施发展扶持办法》的通知	上海市发展和改革委员会等	2022.9.26
11	关于印发《上海市科技支撑碳达峰碳中和实施方案》的通知	上海市科学技术委员会等	2022.10.26

2. 江苏省

序号	政策名称	发布单位	发布日期
1	关于印发《江苏省促进绿色消费实施方案》的通知	江苏省发展和改革委员会	2022.5.23
2	关于进一步释放消费潜力促进消费加快恢复和高质量发展的实施意见	江苏省人民政府	2022.7.20
3	关于搞活汽车流通扩大汽车消费若干举措的通知	江苏省商务厅等	2022.9.15

3. 浙江省

序号	政策名称	发布单位	发布日期
1	关于印发浙江省能源发展"十四五"规划的通知	浙江省人民政府	2022.5.7
2	关于进一步搞活汽车流通扩大汽车消费的通知	浙江省商务厅等	2022.9.19

4. 安徽省

序号	政策名称	发布单位	发布日期
1	安徽省"十四五"汽车产业高质量发展规划	安徽省发展和改革委员会	2022.2.14
2	关于印发支持新能源汽车和智能网联汽车产业提质扩量增效若干政策的通知	安徽省发展和改革委员会	2022.6.30
3	关于印发安徽省碳达峰实施方案的通知	安徽省人民政府	2022.12.7

5. 江西省

序号	政策名称	发布单位	发布日期
1	关于印发江西省"十四五"能源发展规划的通知	江西省人民政府	2022.5.7

6. 山东省

序号	政策名称	发布单位	发布日期
1	山东省促进汽车消费的若干措施	山东省商务厅等	2022.5.22
2	山东省电动汽车充电基础设施发展白皮书（2021 年）	山东省能源局	2022.7.27
3	关于印发《关于加快推进全省行政事业单位新能源汽车推广应用的指导意见》的通知	山东省机关事务管理局等	2022.8.1

7. 福建省

序号	政策名称	发布单位	发布日期
1	关于印发福建省新能源汽车产业发展规划（2022—2025 年）的通知	福建省人民政府	2022.4.18
2	关于贯彻落实扎实稳住经济一揽子政策措施实施方案的通知	福建省人民政府	2022.5.30
3	关于印发福建省"十四五"能源发展专项规划的通知	福建省人民政府	2022.5.21
4	关于印发福建省促进绿色消费实施方案的通知	福建省发展和改革委员会等	2022.6.6
5	关于印发福建省"十四五"节能减排综合工作实施方案的通知	福建省人民政府	2022.6.8
6	关于印发福建省氢能产业发展行动计划（2022—2025 年）的通知	福建省发展和改革委员会	2022.12.21

（六）西北地区

1. 甘肃省

序号	政策名称	发布单位	发布日期
1	关于印发甘肃省"十四五"能源发展规划的通知	甘肃省人民政府	2022.1.5
2	关于印发甘肃省新能源汽车产业发展实施意见的通知	甘肃省工业和信息化厅等	2022.4.12
3	关于印发甘肃省贯彻落实稳住经济一揽子政策措施实施方案的通知	甘肃省人民政府	2022.6.8

2. 青海省

序号	政策名称	发布单位	发布日期
1	关于印发青海省碳达峰实施方案的通知	青海省人民政府	2022.12.18

3. 宁夏回族自治区

序号	政策名称	发布单位	发布日期
1	宁夏回族自治区能源发展"十四五"规划	宁夏回族自治区人民政府	2022.9.5
2	关于印发《宁夏回族自治区氢能产业发展规划》的通知	宁夏回族自治区发展和改革委员会	2022.11.10

4. 陕西省

序号	政策名称	发布单位	发布日期
1	陕西省"十四五"氢能产业发展规划	陕西省发展和改革委员会	2022.7.19
2	陕西省氢能产业发展三年行动方案（2022—2024年）	陕西省发展和改革委员会	2022.7.19
3	关于印发《陕西省促进氢能产业发展的若干政策措施》的通知	陕西省发展和改革委员会	2022.7.19

（七）西南地区

1. 重庆市

序号	政策名称	发布单位	发布日期
1	关于重庆市2022年度新能源汽车与充换电基础设施财政补贴政策的通知	重庆市财政局等	2022.4.18
2	关于印发重庆市新能源汽车换电模式应用试点工作方案的通知	重庆市经济和信息化委员会	2022.5.11
3	关于印发重庆市充电基础设施"十四五"发展规划（2021—2025年）的通知	重庆市发展和改革委员会	2022.5.26
4	关于印发重庆市提振工业经济运行若干政策措施的通知	重庆市经济和信息化委员会	2022.6.15
5	关于印发《重庆市"十四五"清洁生产推行工作方案》的通知	重庆市发展和改革委员会等	2022.7.6
6	关于印发重庆市促进汽车产业平稳增长政策措施的通知	重庆市经济和信息化委员会等	2022.7.28
7	关于印发重庆市建设世界级智能网联新能源汽车产业集群发展规划（2022—2030年）的通知	重庆市人民政府	2022.9.8
8	关于印发《重庆市促进绿色消费实施方案》的通知	重庆市发展和改革委员会等	2022.10.8

2. 四川省

序号	政策名称	发布单位	发布日期
1	关于印发《四川省"十四五"能源发展规划》的通知	四川省人民政府	2022.3.3
2	关于印发《新能源与智能汽车产业2022年度工作方案》的通知	四川省经济和信息化厅	2022.3.31
3	关于促进消费恢复发展的若干政策	四川省商务厅等	2022.5.20
4	关于印发扎实稳住经济增长若干政策措施的通知	四川省人民政府	2022.6.2
5	关于印发《四川省"十四五"节能减排综合工作方案》的通知	四川省人民政府	2022.7.21
6	关于印发搞活汽车流通扩大汽车消费十五条措施的通知	四川省商务厅等	2022.11.14
7	关于印发《四川省推进电动汽车充电基础设施建设工作实施方案》的通知	四川省发展和改革委员会等	2022.11.4

3. 贵州省

序号	政策名称	发布单位	发布日期
1	关于印发《贵州省碳达峰实施方案》的通知	贵州省人民政府	2022.11.4

4. 云南省

序号	政策名称	发布单位	发布日期
1	关于印发云南省"十四五"新型基础设施建设规划的通知	云南省人民政府	2022.5.9
2	关于贯彻落实扎实稳住经济一揽子政策措施的意见	云南省人民政府	2022.6.9

5. 西藏自治区

序号	政策名称	发布单位	发布日期
1	关于贯彻落实《扎实稳住经济的一揽子政策措施》的实施细则	西藏自治区人民政府	2022.6.8

附录 D　2021—2022 年世界各国动力电池相关政策

国家或组织	年份	名称	相关内容
欧盟	2021 年	《新电池法规（草案）》	草案要求从 2024 年 7 月 1 日起，工业及电动汽车电池制造商的供应商必须提供碳足迹声明，从 2026 年 1 月开始，按照碳强度性能类别对其产品进行标记，最大碳足迹阈值将在 2027 年 7 月 1 日前出台
欧盟	2022 年	《欧盟电池与废电池法》	2022 年 12 月 9 日，欧洲议会和欧洲理事会达成的一项临时协议，旨在使投放到欧盟市场的所有电池更具可持续性、循环性和安全性。该协议以欧盟委员会 2020 年 12 月的提案为基础，旨在解决与所有类型电池相关的社会、经济和环境问题。该法规管理阶段涵盖整个电池生命周期（从设计到报废），管控范围将适用于在欧盟销售的所有类型的电池：便携式电池、SLI 电池（为车辆的起动、照明或点火供电）、轻型运输工具电池（为电动滑板车和自行车等轮式车辆的牵引提供动力）、动力电池和工业电池。下一步，欧盟议会和理事会将致力于正式批准该协议，推动法规生效
美国	2021 年	《2021 年贸易政策议程》	考虑设立边境碳调整税等新的管理方法完善贸易制度
美国	2021 年	《2021 年公平转型和竞争法案》草案	主张对进口的碳密集型商品征碳关税，碳关税方案应当不晚于 2024 年 1 月 1 日起执行。2022 年 3 月 21 日，美国证券交易委员会（SEC）宣布将修订规则，要求上市公司报告有关温室气体排放和气候变化相关风险的信息，在碳排放方面要求披露其直接排放和间接排放以及"重大"的排放数值，该规则将有一个逐步实施阶段以适用于所有在美上市公司
美国	2022 年	《两党基础设施建设法案（BIL）》	该法案将拨款 31.6 亿美元，用于美国本土电动汽车电池制造业发展。美国将在本土进行可持续采购锂电池制造的关键材料，如锂、钴、镍和石墨，有助于避免或减轻供应链中断，加速美国电池生产，满足电动汽车需求
美国	2022 年	《通胀削减法案》	新能源抵免和补贴项目部分，法案计划投资共计 3690 亿美元用于能源安全及气候变化项目。其需求端的政策包括针对新能源汽车和以前拥有电动汽车的可退税信贷。其供给端的政策包括将投资税收抵免政策延期 10 年，抵免比例由现阶段的 26% 提高至 30%，10 年后在三年内按比例退出。并且，法案还新增了诸多新能源项目的税收抵免项目
美国	2023 年	《通胀削减法案》	美国时间 3 月 31 日，美国财政部发布《通胀削减法案（IRA）》有关电池关键矿产、电池组件税收抵免要求相关的拟议细则。整体框架和比例的数字跟此前的法案一致，主要增加了关键名词定义和关键比例计算的相关细节，拟议版本 4 月 18 日开始生效

（续）

国家或组织	年份	名称	相关内容
加拿大	2022 年	关键矿产战略	2022 年 12 月 9 日，加拿大自然资源部发布关键矿产战略《从探索到回收：为加拿大和世界的绿色和数字经济提供动力》（*From Exploration to Recycling: Powering the Green and Digital Economy for Canada and the World*），旨在促进其国内电动汽车电池相关关键矿物的生产和加工
日本	2020 年	《绿色增长战略》	在动力电池方面，文件指出将利用燃油效率法规促进电气化，推动电池寿命性能标签的开发和标准化，以及电池二氧化碳排放量可视化。此外，文件还引入碳定价机制，意图确保与国际上不愿采取措施应对全球变暖的国家的贸易公平
	2021 年	《2050 碳中和绿色增长战略》	新版"战略"将旧版中的海上风电产业扩展为海上风电、太阳能、地热产业，将氨燃料产业和氢能产业合并，并新增了新一代热能产业
	2021 年	第六版《能源基本计划》	首次提出"最优先"发展可再生能源，并将 2030 年可再生能源发电所占比例从此前的 22%~24% 提高到 36%~38%。
韩国	2021 年	《碳中和与绿色增长框架法》	将碳中和愿景及其实施机制纳入法律，法案提出到 2030 年排放量较 2018 年下降 35% 或更多的目标，并规定实施 2050 年碳中和愿景的程序，成立碳中和委员会并设计碳中和实施框架。该法案还包括对气候变化的评估、气候对基金和能源公正过渡等各种政策的制订
	2022 年	《碳中和与绿色增长基本法》	根据该法，将引入"温室气体减排认知预算"和"气候变化影响评价"体系，制定绿色增长政策，培育支援绿色产业，加大对绿色金融、技术开发事业等投资规模，促进企业的绿色经营和绿色技术的开发及商业化